MERIAN*momente*

ALGARVE

SUSANNE LIPPS UND OLIVER BREDA

Zeichenerklärung

 barrierefreie Unterkünfte
 familienfreundlich
 Der ideale Zeitpunkt
 Neu entdeckt
 Ziele in der Umgebung
 Faltkarte

Preisklassen

Preise für ein Doppelzimmer mit Frühstück:

€€€€ ab 140 €   €€€ ab 100 €
€€ ab 70 €   € bis 70 €

Preise für ein dreigängiges Menü:

€€€€ ab 50 €   €€€ ab 30 €
€€ ab 15 €   € bis 15 €

DIE ALGARVE ENTDECKEN 4

Unsere Algarve 6
MERIAN TopTen 10
MERIAN Momente 12
Neu entdeckt 16

DIE ALGARVE ERLEBEN 20

Übernachten 22
Essen und Trinken 26
Im Fokus – Schnaps vom Erdbeerbaum 30
Grüner reisen 32
Einkaufen 36
Sport und Strände 40
Feste feiern 46
Mit allen Sinnen 50

DIE ALGARVE ERKUNDEN 54

Faro und die Sandalgarve 56
Im Fokus – Bunte Vogelwelt 78
Albufeira und die Felsalgarve 80
Im Fokus – Das maurische Erbe 102
Die Costa Vicentina 106
Die Serras 116

Die Costa Vicentina
Die Serras
Albufeira und die Felsalgarve
Faro und die Sandalgarve

TOUREN AN DER ALGARVE 126

Durch die Lagunenlandschaft des Naturparks Ria Formosa 128
Die Rota Vicentina – per Mountainbike zur wilden Küste 130
Wanderung auf den Rocha da Pena 132

DIE ALGARVE ERFASSEN 134

Auf einen Blick 136
Geschichte 138
Kulinarisches Lexikon 144
Service 146
Orts- und Sachregister 154
Impressum 159
Gestern & heute 160

KARTEN UND PLÄNE

Algarve	Klappe vorne	Albufeira	83
Faro	Klappe hinten	Lagos	87
Tavira	69	Portimão	93

Die Felsalgarve zeigt sich bei Carvoeiro (▶ S. 97) von ihrer schönsten Seite.

DIE ALGARVE ENTDECKEN

UNSERE ALGARVE

Die Küste beeindruckt durch endlose Sandstrände, von Wasservögeln bevölkerte Lagunen und rötliche Felsklippen. Zwischen Ferienorten liegen Fischerdörfer und lebhafte Städte. Das fruchtbare Hinterland wird im Norden durch raue Gebirge begrenzt.

Wer auf dem Flughafen von Faro landet, blickt auf die flache, von unzähligen Lagunen und Wasserkanälen durchbrochene Küstenlandschaft der Sandalgarve, über der je nach Jahreszeit die Hitze flimmert oder ein winterlicher Dunst liegt. Bei der Fahrt ins Ferienquartier offenbart sich die Schönheit des lieblichen Hinterlands mit seinen flachen Hügeln, überzogen von Öl- und Johannisbrotbäumen. Hin und wieder zwängt sich ein kleiner Weinberg dazwischen, in den flachen und feuchteren Tälern auch ein Orangenhain. Dazwischen leuchten als helle Tupfer einzeln stehende Gehöfte und Ferienvillen, von Reihen schlanker Zypressen von der Umgebung abgegrenzt. Hier und da folgt ein weißes Dorf oder eine adrette Kleinstadt. Kultur, Klima und Pflanzenkleid – alles mutet typisch

◀ An der Costa Vicentina (▶ S. 106) gehen schroffe
Landschaften und Badefreuden »Hand in Hand«.

mediterran an. Aber halt! Die Algarve liegt am Atlantik. Und in der Tat macht sich das Wettergeschehen über dem Ozean durch ein bewegteres Meer, durch stärkeren Wind und durch spürbar ausgeglichenere Temperaturen bemerkbar.

Als wir die Algarve erstmals bereist haben, brannte die Sonne gnadenlos vom Himmel. Es war August, der Hauptferienmonat in Portugal. Die Urlaubsorte barsten vor Badegästen aus dem In- und Ausland. Überall ging es laut und lustig zu.

SOMMER ODER WINTER?

Von Spanien aus kommend, fuhren wir immer weiter Richtung Westen, bis wir in der Umgebung des Cabo de São Vicente auf einsame, von Felsen eingeschlossene Strände trafen, die nur von ein paar Individualisten und unentwegten Brandungssurfern bevölkert waren. Sogar um diese Jahreszeit ist es also möglich, sein persönliches Paradies an der Algarve zu entdecken. Auch auf den Sandinseln, die der Küste weiter im Osten vorgelagert sind, findet sich manch wenig frequentierter Strandabschnitt, wie wir später feststellen konnten. Dennoch bevorzugen wir seither die Nebensaisonzeiten. Wer baden oder Wassersport betreiben möchte, ist gut beraten, im Frühjahr oder Herbst zu kommen. Von einer besonders angenehmen Seite zeigt sich die Algarve auch in den Wintermonaten. Zwar regnet es ab und zu, doch häufiger schaut die Sonne hervor und macht bei moderaten Temperaturen den Aufenthalt am Strand, im Straßencafé oder auf einem der Aussichtspunkte im Gebirge zu einem erholsamen Erlebnis. Auftanken vor der Rückreise in die dunkle und kalte Zeit zu Hause ist dann angesagt.

SAND- UND FELSALGARVE

Wer in die Region reist, steht zunächst einmal vor der Entscheidung, ob es lieber die flache, sandige Küste im Osten oder der eher felsige, von schmalen Badebuchten unterbrochene Küstenabschnitt im Westen sein soll. Wer mit kleinen Kindern unterwegs ist oder im Urlaub viel mit dem Fahrrad unternehmen möchte, ist mit einem Domizil an der Sandalgarve besser beraten. Unbeschwert können die Kleinen dort im Sand buddeln und im seichten Wasser planschen. Radwege und schmale, wenig befahrene Straßen erschließen das ebene Hinterland.

Golfer bevorzugen die grüne Umgebung der feinen Ferienorte Quinta do Lago und Vale do Lobo. Die meisten Reisenden wählen allerdings eine Unterkunft an der landschaftlich attraktiveren Felsalgarve, wo sich dementsprechend auch die großen Ferienorte befinden, darunter bekannte Namen wie Albufeira, Carvoeiro oder Lagos. Auch hier säumen lange Strände die Küste, allerdings von bizarren Felskulissen umgeben. Taucher und Schnorchler können an den Riffen und in den Grotten am Meer eine überaus reiche Unterwasserwelt erleben, mit einer Artenvielfalt, die jene des Mittelmeers bei Weitem übertrifft. Vilamoura mit seinem riesigen Jachthafen und weiteren Golfplätzen zieht ein zahlungskräftiges Publikum an. Wer es lieber etwas einsamer und ursprünglicher mag, findet an der westlichen Costa Vicentina Quartiere für Individualisten und kann dort wandern, mountainbiken oder surfen.

KULTUR UND NATUR

Abseits der Ferienkomplexe lässt sich in Städten und Dörfern, die sich noch sehr authentisch präsentieren, Spannendes entdecken. Beginnen wir ganz im Osten. Nahe der spanischen Grenze liegt die geheimnisvolle Christusritterburg Castro Marim, der wir immer gerne einen Besuch abstatten, auch wegen der großartigen Aussicht über die Landschaft des Sapal mit seinen Sümpfen und Salinenbecken. Eine ganz eigene Atmosphäre besitzt die Stadt Tavira, deren bunte Häuser sich im träge dahinfließenden Wasser des Rio Gilão spiegeln. In der Hauptstadt Faro lohnt auf jeden Fall ein Spaziergang durch die mittelalterlichen Gassen, aus denen die sehenswerte Kathedrale mit ihrem stillen, von Orangenbäumchen beschatteten Kreuzgang herausragt.
Besucher sollten sich keinesfalls die Besteigung des Turms der Bischofskirche entgehen lassen, von wo der Blick weit über die Stadt und die angrenzende Lagunenlandschaft der Ria Formosa hinausreicht. Wir selbst versäumen nie den Gang in die Markthalle von Faro – unserer Meinung nach die am besten bestückte der Algarve. Hier decken die Einheimischen ihren Bedarf an Obst und Gemüse, Wurst und Käse, die reichlich aus der Region geliefert werden. Weiter westlich beeindruckt uns das Fischerdorf Ferragudo. Am frühen Vormittag, wenn die Kellner der Straßencafés die Tische herausstellen, ist es hier am schönsten. In den schmalen Gassen, die sich den Küstenhang hinaufziehen, bietet sich mit Blumenschmuck und Fliesenbildern manch reizvolles Fotomotiv. Im Hinterland ist die ehemalige maurische Hauptstadt Silves eine Pflichtstation. Hauptattraktion ist die stattliche Burg mit ihrem Panorama-

Wehrgang, der einen herrlichen Blick über ausgedehnte Mandelplantagen und Orangenhaine freigibt.

Aber auch Lagos hat es uns angetan. Dort zieht es uns in den ruhigeren Norden mit seinen netten Lokalen, Stadtpalästen und barocken Kirchen. Südlich vorgelagert befindet sich mit der Ponta da Piedade die wohl bizarrste Stelle der Felsalgarve. Klettern Sie die Stufen vom Leuchtturm zum Meer hinunter, um die zerklüfteten Gesteinsformationen genau in Augenschein zu nehmen! Wer mag, kann sich auch im Fischerboot durch Grotten und Felsentore schippern lassen. Weiter im Westen schließen sich die Highlights schlechthin an: Die Festung Heinrichs des Seefahrers bei Sagres und das Cabo de São Vicente – Europas südwestlichster Punkt. Die raue Landschaft und ein stetig wehender Wind tun ihr Übriges dazu, dass Besucher sich vorkommen, als wären sie in eine andere Welt versetzt. Kein Wunder, dass die Menschen der Antike und des Mittelalters glaubten, die Erde sei an diesem entlegenen Winkel zu Ende.

AUSSICHTSPUNKTE UND WANDERZIELE

Ein weiterer Lieblingsort ist Aljezur mit seinem kleinen Mercado unten am Fluss. Als Treffpunkt dient das Marktcafé, das zwar im Gegensatz zu den berühmten Konditoreien der großen Städte nur mit einer bescheidenen Kuchenauswahl aufwarten kann, dafür aber das gewisse Etwas besitzt. Blieben noch die Berge. Mit ihren Eukalyptuswäldern ist die Vegetation der Serra de Monchique zwar nicht wirklich schön, dafür locken aber die aussichtsreiche Auffahrt auf den Fóia, den höchsten Berg der Algarve, und natürlich die Geschäfte in Monchique mit ihren kulinarischen Spezialitäten und kunsthandwerklichen Produkten. Demgegenüber wirken die Berge der östlicheren Serra do Caldeirão bescheiden. Aber auch hier lohnen die Ziele unserer Meinung nach einen Besuch: Die Kleinstadt Alte, wo ergiebige Quellen sprudeln, das blütenreiche Kalkmassiv Rocha da Pena und der verschwiegene Quelltopf Fonte Benémola sind als Wanderziele wahre Kleinode.

DIE AUTOREN

Susanne Lipps und **Oliver Breda** haben verschiedene Reiseführer über Ziele auf der Iberischen Halbinsel und den angrenzenden Inseln verfasst, etwa über Madeira, die Kapverden, Valencia und die Costa Blanca, Andalusien und Mallorca. Außerdem sind beide als Studien- und Wanderreiseleiter tätig. Berufliche wie private Reisen führen sie regelmäßig nach Portugal.

MERIAN TopTen

Diese Höhepunkte sollten Sie sich bei Ihrem Besuch auf keinen Fall entgehen lassen: Ob Tavira, die Burg von Silves oder das Cabo de São Vicente – MERIAN präsentiert Ihnen hier die wichtigsten Sehenswürdigkeiten der Algarve.

⭐ Mercado de Loulé
Die maurisch anmutende Markthalle lockt mit einem exotischen Angebot an Früchten, Gewürzen und vielem mehr (▶ S. 64).

⭐ Tavira
Reichlich mediterranes Flair bietet die Stadt, deren Kirchen und Paläste sich in den Fluten des Rio Gilão spiegeln (▶ S. 68).

⭐ Castro Marim
Eine imposante Burg, in der einst die legendären Christusritter residierten, überragt den mittelalterlichen Ort (▶ S. 72).

⭐ Ponta da Piedade
Nirgendwo präsentiert sich die Felsalgarve bizarrer als an dieser vorgeschobenen Landspitze mit ihrer zerklüfteten Grottenlandschaft (▶ S. 91).

⭐ Ria de Alvor
Die riesige Lagune ist durch Dünen von Atlantik abgetrennt. In dem Vogelparadies sind Störche, Flamingos und Löffler beheimatet (▶ S. 95).

⭐ Ferragudo
In dem pittoresken Fischerdorf mit seinen bunten Booten und blumengeschmückten Gassen scheint die Zeit stehen geblieben zu sein (▶ S. 98).

⭐ Castelo de Silves

Von dieser Burg aus herrschten die Mauren über die Algarve, als Silves ihre Hauptstadt war. Heute beeindruckt der weite Blick von den mächtigen Wehrgängen (▶ S. 100).

⭐ Fortaleza de Sagres

Hauptattraktion der Festung, in der Heinrich der Seefahrer seine berühmte Nautikerschule gegründet haben soll, ist eine rätselhafte Windrose (▶ S. 111).

⭐ Cabo de São Vicente

Die schroffe Küstenlandschaft am südwestlichsten Punkt Europas zieht zahlreiche Besucher in ihren Bann. Hoch über den Klippen wacht ein Leuchtturm (▶ S. 113).

⭐ Fóia

Die Aussicht vom höchsten Gipfel der Algarve über Berge und Hügel bis zum Atlantik ist einfach überwältigend. Auf 902 m Höhe weht mitunter ein kräftiger Wind (▶ S. 124).

MERIAN Momente
Das kleine Glück auf Reisen

Oft sind es die kleinen Momente auf einer Reise, die am stärksten in Erinnerung bleiben – Momente, in denen Sie die leisen, feinen Seiten der Region kennenlernen. Hier geben wir Ihnen Tipps für kleine Auszeiten und neue Einblicke.

1 Orangenduft im Kreuzgang der Kathedrale von Faro H4

Ein beschaulicher Ort ist der als Orangengarten gestaltete Kreuzgang der Sé, der Kathedrale von Faro. Der ideale Platz, um in der Stadt zur Ruhe zu kommen, die Sinne zu schärfen und das Aroma von Blättern und Früchten der Zitrusbäumchen zu erspüren. Im April und Mai liegt zusätzlich der süße Duft der Orangenblüten in der Luft.
Faro, Largo da Sé s/n | Mo–Fr 10–18 (Winter bis 17), Sa 10–12.30 Uhr, So geschl. | Eintritt 3 €

2 Barocke Pracht bestaunen in Almancil G3

So viel Prunk auf kleinstem Raum finden Sie sonst wohl nirgendwo an der Algarve. In einer historischen Häuserzeile in Almancils Ortsteil São Lourenço, die sich einen steilen Hang hinaufzieht, erhebt sich die Igreja do São Lourenço de Matos. Während der Barockzeit im 18. Jh. kleidete man die Innenwände der Kirche von oben bis unten mit blau-weißen »azulejos« aus. Begabte Kunsthandwerker hatten die Fliesenbilder zuvor mit Szenen aus dem Leben von Sankt Laurentius (3. Jh.) bemalt. Der Märtyrer wurde auf einem glühenden Rost zu Tode gefoltert, weil er Kirchenschätze, die dem römischen Kaiser zustanden, an die Armen verteilt hatte. Vergoldete Altarrückwände und ein marmorner Altar kontrastieren dazu auf reizvolle Weise. Nehmen Sie auf einer der Kirchenbänke Platz und lassen Sie dieses Bild in Ruhe auf sich wirken!

São Lourenço, Rua da Igreja s/n | Mo–Fr 10–13.30, 14.30–17.30, Sa 10–13.30, So 14.30–17.30 Uhr | Eintritt 2 € | 1 km östl. von Almancil

3 Wandern in den Salinen von Castro Marim L3

In den Salinen von Castro Marim wird das Meersalz noch auf traditionelle Weise gewonnen. Die Salzpfannen, in denen das hineingepumpte Wasser über den Sommer hinweg allmählich verdunstet und das »weiße Gold« zurückbleibt, sind Teil eines Naturschutzgebiets und durch einen kurzen Wanderweg erschlossen. Rechnen Sie mit 45 Minuten Gehzeit für den rund 2 km langen Rundkurs. Unterwegs können Besucher die im Sonnenlicht glitzernden Salzkegel bestaunen, die am Rand

der Becken aufgehäuft werden. Auch haben sie Gelegenheit zur Beobachtung von Rosaflamingos, die sich von winzigen Krebstieren in den Salinen ernähren.

PR Salinas Tradicionais | www.icnf.pt 1 km östl. von Castro Marim

4 Innehalten über den Klippen bei Armação de Pêra E3

Die schneeweiße Ermida Nossa Senhora da Rocha erhebt sich – riskant über die Klippen gebaut – bei Armação de Pêra. Bis auf das frühe Christentum in Portugal, also auf die Zeit der Westgoten (7. Jh.), geht die kleine Wallfahrtskirche zurück. Nach der Reconquista soll den Fischern hier die namengebende Felsjungfrau erschienen sein. Heute ist die Ermida nicht nur jedes Jahr am 12. August Ziel einer Pilgerfahrt, sondern auch ein großartiger Aussichtspunkt. Der Ort besitzt eine würdevolle Ausstrahlung. Nicht nur, weil es sich um ein Gotteshaus handelt, sondern weil man ihn nicht selten für sich alleine hat. Ein schöner Platz, um die Felsalgarve mit ihren rötlichen Steilwänden und hellen Sandstränden zu überblicken.

2 km westl. von Armação de Pêra

5 Buntes Marzipankonfekt zum Kaffee in Lagos
▶ S. 87, nördl. a/b 1

Seit 1935 fertigt die Konditorei Taquelim Gonçalves das traditionelle Marzipankonfekt von Lagos (»bolos de doce fino«). Die Auswahl ist riesig. Oft nehmen die süßen Köstlichkeiten die Form von Früchten oder Muscheln an, je nach Jahreszeit aber auch die von Osterküken oder Weihnachtssternen. Draußen auf der Terrasse in der Fußgängerzone, wo nebenan ein Springbrunnen gemütlich plätschert, schmecken die Marzipanteilchen zum Kaffee. Empfehlenswert ist auch das hausgemachte Eis. Außerdem gibt es eine gute Auswahl an Kuchen sowie Omeletts, Salate und andere kleine Gerichte.
Lagos, Rua das Portas de Portugal 27 | Tel. 2 82 76 28 82 | www.taquelimgoncalves.com | tgl. 8.30–23 Uhr | €

6 Lagos – einen Blick unter Wasser werfen
C3

Packen Sie Schnorchel und Taucherbrille ein. An der Felsalgarve gibt es eine farbenfrohe Meeresfauna zu entdecken. Bunte Fische, Seeanemonen und Korallen, mit ein wenig Glück sogar Seepferdchen bevölkern die Felsriffe vor den Steilküsten. Bei Schnorchlern besonders beliebt: die Praia do Camilo, eine lauschige Strandbucht mit kristallklarem Wasser.
Lagos, Praia do Camilo
1 km südl. von Lagos

7 Knackige Mandeln knabbern in Portimão
D3

Mandeln sind oft schwer zu knacken. Nicht so die Krachmandel mit ihrer dünnen Schale, die von Hand aufgebrochen werden kann. Gönnen Sie sich eine Handvoll dieser schmackhaften, gesunden Früchte. In der gut bestückten Markthalle von Portimão halten mehrere Händlerinnen diese auch an der Algarve inzwischen selten gewordene Spezialität bereit, geröstet und ungesalzen. Und der ideale Platz, um die frisch erstandene Knabberei zu verputzen? Vielleicht der Stadtpark am Ufer des Rio Arade.
Portimão Mercado Municipal, Avenida São João de Deus s/n | www.mercadodeportimao.pt | Mo–Fr 7–14, 17–20, Sa 7–14 Uhr

8 Muscheln sammeln am Strand von Alvor
D3

Von Dünen gesäumt und völlig naturbelassen, liegt einer der attraktivsten Küstenabschnitte der Algarve vor der ruhigen Lagune Ria de Alvor. Nehmen Sie sich eine Auszeit, schlendern Sie am Strand entlang und picken Sie Muschelgehäuse aus dem hellen Sand heraus. Ein preiswerteres und individuelleres Mitbringsel gibt es kaum. Zu Hause in ein attraktives Glasgefäß gefüllt, wird es Sie noch lange an den Urlaub erinnern. Der Artenreichtum des Ostatlantiks liegt Ihnen hier sozu-

sagen zu Füßen. Reichlich vertreten sind die cremefarben bis braun schattierte Herzmuschel, die zierlichere satinfarbene Venusmuschel oder die helle, in die Breite gezogene Sandmuschel. Durch ihre längliche Form mit geraden Rändern sticht die schwertförmige Scheidenmuschel ins Auge. Eher kantig wirkt die recht große Arche-Noah-Muschel.
Praia de Alvor

9 Sonnenuntergang am Cabo de São Vicente A2

Fast schon zum sommerlichen Pflichtprogramm an der Algarve gehört es, spätnachmittags einmal zum Cabo de São Vicente hinauszufahren, um das spektakuläre Abtauchen des rot glühenden Sonnenballs in den Atlantik zu erleben. Minutenlang schimmert der Himmel in allen Farben, bevor sich recht plötzlich die Dunkelheit über den Horizont legt. Die vielen Anwesenden feiern das Event wie ein gesellschaftliches Ereignis. Sie sitzen auf eigens mitgebrachten Klappstühlen an der Kante der Felsküste, entkorken Rotweinflaschen und knüpfen Urlaubsbekanntschaften.
Cabo de São Vicente

10 Picknick mit Aussicht auf den Flanken des Fóia D2

An der Bergstraße auf den Fóia liegt, sobald mehrere Restaurants passiert sind, linker Hand ein wunderbarer Aussichtspunkt mit weitem Blick bis zur Küste. Picknicktische laden an dem »miradouro« dazu ein, hier länger zu verweilen. Im Winter wärmt die Mittagssonne, im Sommer werfen Bäume willkommenen Schatten. Vielleicht haben Sie zuvor in Monchique das noch warme Landbrot und eine der deftigen Knoblauchwürste erstanden, für die der Ort bekannt ist. Hier ist nun Gelegenheit, diese Vorräte zu verzehren. Nebenan sprudelt eine frische Quelle, aus der Einheimische sich gerne Wasser in Plastikflaschen abfüllen, um es mit nach Hause zu nehmen.
Estrada da Fóia N 266-3
6 km westl. von Monchique

NEU ENTDECKT
Worüber man spricht

*Die Algarve verändert sich – auch wenn vieles beim Alten bleibt.
Durch neu eröffnete Museen, Hotels oder Restaurants gewinnen
Orte und manchmal ganze Landstriche weiter an Attraktivität.
Ebenso lässt sich die Region mit neuen Freizeitangeboten
vielfältiger erleben und vielleicht sogar mit anderen Augen sehen.
Hier erfahren Sie alles über die jüngsten Entwicklungen.*

◀ Meer und Fischfang sind die dominierenden Themen im Museu de Portimão (▶ S. 17).

MUSEEN UND GALERIEN
MUSEEN
Museu de Portimão   ▶ S. 93, südl. b 3
Das Museum residiert am südlichen Ende der Flussuferpromenade in der ehemaligen Fischkonservenfabrik »La Rose«. Hauptthema der Ausstellung ist der Fang von Sardinen und deren Weg zur Ölsardine in der Dose. Eine archäologische Abteilung befasst sich mit der römischen und maurischen Epoche. Seit Neuestem wird in der ehemaligen Zisterne der Fabrik ein Unterwasserabenteuer zur virtuellen Realität. In dem schummrigen Gewölbe ist die Replik eines der vier Schiffswracks begehbar, die 2012 und 2013 von der portugiesischen Marine für ein Unterwassermuseum drei Meilen vor der Küste von Portimão versenkt wurden. Ein Film zeigt, wie sich Fische und Taucher in diesem künstlichen Riff tummeln, dem derzeit größten seiner Art in Europa.
Portimão, Rua D. Carlos I s/n | Tel. 2 82 40 52 30 | www.museudeportimao.pt | Sept.–Juli Di 14.30–18 Uhr, Mi–So 10–18, Aug. Di 19.30–23, Mi–So 15–23 Uhr | Eintritt 3 €, Sa 15–19 Uhr frei

GALERIEN
Galeria Arte Algarve   E3
Die private, von Rolf Osang und seinem Team geführte Galerie verfolgt ein ehrgeiziges Ausstellungsprogramm. 2011 ist sie in einen Flügel der Weinkellerei von Lagoa (s. o.) eingezogen, wo sie sich rasch zur wichtigsten Anlaufadresse für Kunstinteressierte entwickelt hat. In der ehemaligen Lagerhalle ist reichlich Platz für Gemälde, Skulpturen und Installationen moderner Künstler. Im März 2015 startete eine ambitionierte Serie neuer kulturel-

ler Events. Monatliche Konzerte, darunter Fado, Jazz oder Kammermusik, flankieren seitdem die Kunstausstellungen. Theateraufführungen und Literaturlesungen runden das vielseitige Programm ab.
Lagoa, N 125 (am Südrand der Stadt, nahe Abzweigung Richtung Carvoeiro) | www.artealgarve.net | Mo–Sa 10–18 Uhr

ÜBERNACHTEN
Loulé Coreto Hostel   G3
Trend-Unterkunft – Einer brandneuen Entwicklung in Portugal folgend, eröffnete 2014 dieses Hostel in einem renovierten Stadthaus mit Flair im Zentrum von Loulé. Es muss vom Komfort und Design her nicht hinter Hotels zurückstehen. Einzelreisende können Betten im »dorm« (Mehrbettzimmer, getrennt für Frauen und Männer) buchen. Für Paare und Familien gibt es Doppel-, Drei- und Vierbettzimmer, teils mit eigenem Bad, teils mit Etagenbad. Auf dem Frühstücksbuffet stehen hausgemachte Kuchen

und Marmeladen. Küche, Essbereich und Sofalounge auf der Dachterrasse sind zur allgemeinen Verfügung.
Loulé, Avenida José da Costa Mealha 68 | Tel. 2 89 41 10 63 | www.loulecoretohostel.com | 9 Zimmer | €

Ozadi Tavira Hotel 👫
▶ S. 71, nordöstl. c1

Serviceorientiert – Das im Juni 2014 eröffnete Familienhotel punktet mit geschmackvoller, moderner Einrichtung und professioneller Leitung. Das Haus bietet Zimmer und Suiten für bis zu vier Personen. Jede Wohneinheit verfügt über einen Balkon. Von hier aus geht der Blick entweder hinaus auf Garten und Pools oder aber auf Felder und Salinen bis zur Lagunenlandschaft Ria Formosa. Zwei Restaurants, darunter das trendige Orangea Bistro, pflegen die mediterrane Küche.
Tavira, Quinta das Oliveiras | Tel. 2 81 32 43 24 | www.ozaditavirahotel.com | 77 Zimmer | €€

Praia Verde Boutique Hotel 👫 L3
Designhotel – Nach kompletter Renovierung 2014 wiedereröffnet, präsentiert sich das Praia Verde nun in zeitgemäßem Gewand. Alle Zimmer sind als Suite konzipiert, mit getrenntem Schlaf- und Wohnbereich, Kitchenette und Veranda. Die Einrichtung setzt auf geometrische Kontraste in den Farben Schwarz und Weiß, kombiniert mit Holztönen. In der Lobby finden nicht nur Rezeption, Bar und Restaurant Platz, sondern auch eine »mercearia«, ein Kramladen für Spezialitäten der Region. Das Haus ist familienfreundlich und ermöglicht Aktivitäten für Kinder aller Altersstufen. Zwischen Monte Gordo und Altura in 800 m Entfernung vom Strand gelegen.
Altura, Praia Verde | Tel. 2 81 53 06 00 | www.praiaverderesort.com | 40 Zimmer | €€

ESSEN UND TRINKEN
RESTAURANTS
Lagar Mesquita H3
Alte Ölmühle – In einem »lagar«, wo früher Olivenöl gepresst wurde, logiert das jüngst eröffnete Lokal, das rustikales Ambiente gekonnt mit neuer portugiesischer Küche verbindet. Es fungiert nicht nur als Restaurant, sondern auch als Bar und Antiquitätenladen. Wunderbar möbliert mit pfiffigem Korb- und Holzgestühl. Am Samstagabend oft kleine Kammerkonzerte. Trotz all dieser Vorzüge gilt die einstige Ölmühle nach wie vor als Geheimtipp.
São Brás de Alportel, Fonte da Mesquita, Mesquita Baixa 315 | Tel. 2 89 84 58 09 | Di–Sa 12.30–14.30 und 19–22, So 12.30–14.30 Uhr | €€€

Quarentae4 G3
Sophisticated – Das hippe Lokal hat seit der Saison 2015 dauerhaft seine Tore geöffnet. In der Küche werden aus frischen Zutaten mediterrane und asiatisch inspirierte Gerichte gezaubert. Auch die Auswahl an Weinen von angesagten portugiesischen Winzern sowie der engagierte Service überzeugen.
Vilamoura, Rua Volta do Anzol s/n, Jardim das Oliveiras | Tel. 2 89 32 30 57 | www.quarentae4.pt | Mo–Do 20–24, Fr und Sa 20–1 Uhr | €€

Sakuto Sushi
▶ S. 93, südl. b3
Japanisch – Essen aus dem Land der aufgehenden Sonne ist derzeit an der

Algarve »in«. Japanische Restaurants scheinen wie Pilze aus dem Boden zu schießen, in Portimão eröffnete 2014 eines der besten. Selbstverständlich in den Farben Rot und Weiß dekoriert, bietet es cooles Ambiente und eine große Auswahl an Sushis, aber auch Salate, Suppen, Fischgerichte und zahlreiche vegetarische Speisen. Alles auch zum Mitnehmen.

Portimão, Rua D. Carlos I. 43 | Tel. 9 16 09 95 08 | www.facebook.com/sakutosushi | tgl. 11.30–15, 18–23 Uhr | €

FESTE FEIERN
Algarve Nature Week H 2

Die erste Ausgabe der neuntägigen Naturwoche fand 2015 statt. Die Veranstalter haben mehr als 90 Outdoor-Aktivitäten zusammengestellt, um interessierten Algarve-Besuchern die Naturschätze der Region nahezubringen. Dazu gehören geführte Wanderungen und ornithologische Exkursionen, Bootsfahrten zur Wal- und Delfinbeobachtung, Radtouren und Ausritte zu Pferd oder Esel. Im Mittelpunkt steht eine Ausstellung im Parque

Ribeirinho in Faro. Dort präsentieren die beteiligten Veranstalter ihre Programme.

Mitte April
Faro, Sítio de Panasqueira | www.algarvenatureweek.pt | Eintritt frei

Weitere Neuentdeckungen sind durch dieses Symbol gekennzeichnet.

Das Auge isst mit: Mediterrane Küche auf hohem Niveau gehört zu den Vorzügen des Ozadi Tavira Hotels (▶ S. 18). Die Einrichtung des Hauses ist nicht weniger zeitgemäß.

Ein Paradies für Wellenreiter: Der Strand von Arrifana (▶ S. 130) bei Aljezur.

DIE ALGARVE ERLEBEN

ÜBERNACHTEN

Die meisten der über 100 000 Gästebetten konzentrieren sich in den Urlaubsorten der Felsalgarve und Sandalgarve. Luxuriös wohnt man in »pousadas«, stilvoll in Landhäusern. Für den kleineren Geldbeutel gibt es Ferienwohnungen und trendige Hostels.

Hotels in Portugal unterliegen einer ähnlichen Klassifizierung wie in anderen europäischen Ländern. Die meisten Häuser an der Algarve gehören mit drei oder vier Sternen der Mittelklasse an, aber auch 5-Sterne-Hotels der Luxusklasse sind nicht selten. Ein »**estalagem**« ist nicht ganz so komfortabel wie ein Hotel, dafür meist kleiner und familiärer. Eine portugiesische Besonderheit sind die »**pousadas**«.

TYPISCH PORTUGAL: DIE POUSADAS

Ursprünglich handelte es sich um staatliche Luxushotels, meist in historischen Gebäuden untergebracht. Heute gehören sie zu einer privaten Hotelgruppe. Drei »pousadas« befinden sich an der Algarve: in Tavira, Estói und Sagres. Eine zentrale Reservierung kann über www.pousadas.pt erfolgen. Die meisten Hotels und alle »pousadas« sind auch über deut-

◀ Der authentische Charme der Algarve:
das Feriendorf Aldeia da Pedralva (▶ S. 24).

sche und internationale Reiseveranstalter buchbar. Unterkünfte mit der Bezeichnung »Turismo no Espaço Rural« (TER) liegen meist in ländlich-ruhiger Umgebung und sind rustikal eingerichtet. Oft findet man auch die Bezeichnung »agroturismo«. Die in der Regel recht komfortablen »**quintas**« sind ehemalige Landgüter oder diesen nachempfunden und werden hotelähnlich geführt. Einfacher ausgestattet sind »casas rustícas«, bei denen es sich meist um restaurierte Bauernhäuser handelt. Der Begriff »turismo de habitação« steht für kleine Pensionen oder Apartmentanlagen. Sie müssen nicht unbedingt im ländlichen Bereich liegen.
Eine weitere portugiesische Besonderheit ist die Bezeichnung von Apartments oder Ferienwohnungen als T0, T1, T2 usw., wobei die Zahl hinter dem T Auskunft über die Anzahl der Schlafzimmer gibt. Ein T0 entspricht einem Studio. Es besteht aus einem kombinierten Wohn-/Schlafraum mit Küchenzeile und Bad. Das T1 weist neben Wohnzimmer und Küche ein separates Schlafzimmer auf, ein T2 zwei zusätzliche Schlafzimmer. Zwischen Albufeira und Carvoeiro liegen zahlreiche Bungalowsiedlungen (»aldeamento turístico«). Die meisten eignen sich gut für Familien und bieten eine Reihe von Einrichtungen, etwa Pool, Restaurants, Bars, Geschäfte und Sportangebot. Am preisgünstigsten übernachtet man in Pensionen (port. »pensão«) oder in Privatzimmern (»quartos«). Ein eigenes Bad ist dort nicht immer vorhanden.

RESERVIERUNG EMPFOHLEN

Etwas komfortabler und hotelähnlich ist ein »**residencial**«. Im Trend liegen schick eingerichtete Hostels, die in allen größeren Städten zu finden sind. Hier wohnt man entweder im »dorm« (Schlafsaal mit mehreren Betten) oder auch im Doppelzimmer, kann Küche und Waschmaschine benutzen und kommt mit anderen Reisenden rasch in Kontakt. Auch wer keine besonderen Ansprüche an seine Unterkunft stellt, sollte übrigens von Juli bis September vorausbuchen oder reservieren. Bei Hotels und anderen Unterkünften der gehobenen Kategorie ist dies meist online möglich, bei günstigen Pensionen oder Privatzimmern oft nur telefonisch. In fast allen Hotels ist Frühstück im Zimmerpreis eingeschlossen. Eigentlich fällt es in Portugal eher spärlich aus. Die größeren Hotels bieten jedoch ihrem internationalen Publikum ein gut bestücktes Frühstücksbuffet an. Sogar in der 3-Sterne-Klasse sind inzwischen verschiedene

Brot- und Kuchensorten, Wurst, Schinken, Käse, Eier, Obst und Müsli üblich. Je mehr Sterne ein Hotel hat, desto weniger Wünsche bleiben offen. Wird ein Frühstück nicht als Buffet präsentiert, was in kleineren Hotels und Pensionen oft der Fall ist, besteht es meist aus Weißbrot, Quittenmarmelade und gesalzener Butter, gelegentlich kommen Schinken oder Käse und etwas Obst hinzu. Sollte in einer Unterkunft kein Frühstück angeboten werden, befindet sich meist in unmittelbarer Umgebung eine Bar oder Cafeteria. Viele Ferienhotels offerieren Halb- oder gar Vollpension, einige auch »all inclusive«.

IM HOTEL SPEIST MAN AM BUFFET

Mittag- und Abendessen sind meist als Buffet aufgebaut. Hotels der höheren Kategorie verfügen zusätzlich über ein oder mehrere Á-la-carte-Restaurants. Das Abendessen im Hotel beginnt nicht viel später als 19.30 Uhr, in Unterkünften mit vielen nord- und mitteleuropäischen Gästen häufig auch früher.

BESONDERE EMPFEHLUNGEN

Aldeia da Pedralva ⚐ B 3
Leben im Dorf – Das Bauerndorf Pedralva, in dem früher etwa 100 Menschen lebten, wurde in den vergangenen Jahrzehnten fast völlig aufgegeben. Um 1990 waren nur noch neun Bewohner im Ort verblieben, die meisten Gebäude waren zu Ruinen verfallen. Mit viel Liebe zum Detail jedoch haben Investoren seither die alten Häuser restauriert und in Ferienunterkünfte verwandelt. Man wohnt in einer dörflichen Struktur im eigenen Haus. Es gibt Wohneinheiten für zwei bis acht Personen, alle für Selbstversorger eingerichtet. Wer keine Lust zum Kochen hat, findet in der Anlage ein Restaurant mit Barbetrieb und eine Cafeteria.
Aldeia da Pedralva | Tel. 2 82 63 93 42 | www.aldeiadapedralva.com | 24 Zimmer | €€€
7 km südwestl. von Carrapateira

Pousada de Tavira ▶ S. 71, a 3
Im ehemaligen Kloster – Das überschaubar große Hotel ist im einstigen Augustinerkonvent Nossa Senhora da Graça im historischen Zentrum von Tavira untergebracht, das auf das 16. Jh. zurückgeht. Nach umfassender Renovierung des Gebäudes wurde es im Jahre 2006 eröffnet. Dem Architekten gelang es, den klösterlichen Charakter des Gebäudes zu erhalten. Die Standardzimmer sowie die fünf großzügigen Suiten, einige davon mit Balkon, sind jedoch mit dem üblichen modernen Komfort ausgestattet, und auch der Pool entspricht dem heutigen Zeitgeist. Das gediegene Restaurant pflegt gehobene portugiesische Küche. Wenn es das Wetter zulässt, wird im ehemaligen Kreuzgang vom früheren Privatbesitzer des Anwesens aufgetischt, einem ruhigen, von Arkadengängen umgebenen Ort.

Tavira, Rua D. Paio Peres Correia s/n | Tel. 2 10 40 76 80 | www.pousadas.pt | 36 Zimmer | €€€

Quinta do Caracol ▶ S. 71, südwestl. a 4
Individuelle Ferienhäuser – Die Wohneinheiten sind in einen weitläufigen, verspielt angelegten Garten am Westrand von Tavira eingebettet. Die Einrichtung ist individuell und landestypisch. Frühstück wird als Buffet aufgebaut. Die Altstadt ist fußläufig in einer guten Viertelstunde zu erreichen.
Tavira, Rua de S. Pedro 11 | Tel. 2 81 32 24 75 | www.quintadocaracol.com | 9 Zimmer | €€

Quinta dos Rochas G 3
Im Landhausstil – Das Landhaus liegt ruhig und von Feldern umgeben zwischen Quarteira und Almancil, bis zum nächsten Strand sind es etwa 4 km. Obwohl das Gebäude aus jüngerer Zeit stammt, ist es in klassischer portugiesischer Manier mit dunklem, fast barock anmutendem Mobiliar eingerichtet. Wer hier wohnt, kann sich also in jene Zeiten zurückversetzen, in denen Gutsherren im Hinterland der Algarve ähnlich vornehm residierten. Ein größerer Pool und ein Kinderbecken runden das Angebot ab. Das Frühstück wird extra berechnet.
Almancil, Fonte Coberta | Tel. 2 89 39 31 65 | www.sites.google.com/site/quintadosrochas/ | 6 Zimmer | €

Weitere empfehlenswerte Adressen finden Sie im Kapitel **DIE ALGARVE ERKUNDEN**.
Preise für ein Doppelzimmer mit Frühstück:
€€€€ ab 140 €   €€€ ab 100 €
€€ ab 70 €   € bis 70 €

Die Pousadas, wie hier in Estói (▶ S. 62), sind eine portugiesische Besonderheit. An der Algarve buhlen drei Häuser der einst staatlichen Kette um Besucher.

ESSEN UND TRINKEN

An der Küste setzt die klassische Küche der Algarve vorwiegend auf Fisch und Meeresfrüchte. Im Hinterland hingegen wird viel Fleisch gegessen. Die einfachste Art, dieses auf landestypische Weise zu genießen, ist »na brasa« – über Holzkohle gegrillt.

Einen besonderen Reiz der portugiesischen Küche machen die exotischen Gewürze aus, die aufgrund der kolonialen Vergangenheit häufig Verwendung finden. Allgegenwärtig ist »**piri-piri**«, eine scharfe Tunke aus Chilischoten, die ihren Ursprung in Afrika hat. Speziell wenn Krabben oder Muscheln enthalten sind, verleiht frischer Koriander (»coentro«) vielen Gerichten eine besondere Note. Fans von Fisch, Meeresfrüchten und von deftigen Fleischgerichten finden reichlich Auswahl. Vegetarier oder Veganer hingegen dürfen keine kulinarischen Hochgenüsse erwarten. Gemüse und Salat spielen traditionell eine geringere Rolle, auch wenn viele Köche und Wirte neuerdings damit »experimentieren«.

Klassisch sind Sardinen (»sardinhas«). Meist werden sie ohne weitere Zutaten über Holzkohle gegrillt. In einfachen Lokalen isst man sie aus der Hand. Ähnlich, aber größer und edler ist der Stichling (»carapau«).

◄ Die cataplana (► S. 27) mit Meeresfrüchten ist von den Speisekarten nicht wegzudenken.

Stockfisch (»**bacalhau**«) ist aus der portugiesischen Küche nicht wegzudenken. Angeblich soll es in Portugal für jeden Tag im Jahr ein Stockfischrezept geben. Am häufigsten handelt es sich um gesalzenen und an der Sonne getrockneten Kabeljau, seltener um den zäheren Katzenhai. Vor der Zubereitung muss er mehrere Stunden gewässert werden, dennoch bleibt der Geschmack recht intensiv.

Die portugiesische Variante der im Nachbarland Spanien so beliebten Paella ist der »**arroz de mariscos**«. Im direkten Vergleich bleibt dieser Meeresfrüchtereis jedoch flüssiger, es handelt sich also de facto um eine Art Eintopf. Beliebt ist auch eine Version mit Spaghetti (»**esparguete de mariscos**«). Als der portugiesische Fischeintopf schlechthin gilt die »**caldeirada**« aus verschiedenen Sorten Fisch, Kartoffeln, Tomaten, Zwiebeln und Paprika. Ähnliche Zutaten finden sich in der »**cataplana**«. Diese wird jedoch in einem verschließbaren Kupfertopf gegart. Beide Gerichte werden in Restaurants meist nur ab zwei Personen angeboten.

Was der Küste der Fisch ist, ist dem Hinterland das Fleisch. Als Mittagssnack findet man häufig »**bifana no pão**« oder »**prego no pão**« (gegrilltes Schweine- bzw. Rindfleisch in einem Brötchen). Beides gibt es auch in der Variante »no prato« (auf dem Teller, mit Pommes Frites und Salat). Regionale Besonderheiten und relativ erschwinglich sind Lamm (»borrego«), Zicklein (»cabrito«) und Kaninchen (»coelho«). Satt wurden die Menschen auf dem Land früher vorwiegend von Eintöpfen mit Fleisch- oder Wursteinlage, etwa von einer »**feijoada**« (Bohneneintopf). Als Würste finden in solchen Gerichten meist »**chouriço**« (deftige Paprikawurst mit hohem Fettanteil) oder die etwas magerere und mit noch mehr Paprika gewürzte »**linguiça**« Verwendung.

SÜSSE VERSUCHUNGEN

Wer gerne süß isst, kommt in Portugal voll auf seine Kosten. Dessertbuffets sind meist sehr üppig bestückt, vor allem mit diversen Sorten Pudding, oft als »**pudim flan**« (mit Karamell), mit verschiedensten Kuchen und Torten, Fruchtcremes und Sorbet oder Eis. Eine Spezialität der Algarve sind die Marzipankonfektteilchen »**bolos de doce fino**«.

Verbreitet als Durstlöscher sind Wasser ohne Kohlensäure und Bier, auch alkoholfrei. Zum Essen gehört für die Einheimischen aber fast immer ein Wein. Bekannte portugiesische Weinbaugebiete sind Douro und Alentejo. Während die Douro-Weine oft im Fass reifen und viel Körper sowie einen hohen Gerbsäuregehalt aufweisen, zeigen sich die Tropfen aus der Alentejo-Region leichter und fruchtiger. Eine Besonderheit ist der »**vinho verde**« (grüner Wein) aus dem Norden Portugals, ein junger, spritziger Wein mit nur 8 % Alkoholgehalt.

LEIDENSCHAFT FÜR KAFFEE

Wein von der Algarve ist seltener und meist teurer. Traditionell gekelterte Weine sind mit rund 13 % recht alkoholreich, da die sommerliche Hitze für süße Trauben sorgt. Engagierte Winzer produzieren heute dank früherer Lese auch leichtere Weine. Eine lokale Spezialität ist der Verdauungsschnaps »medronho« aus den Früchten des Erdbeerbaums (▶ S. 30). Vor allem aber sind die Portugiesen leidenschaftliche Kaffeetrinker. Ein Espresso nach dem Essen heißt »**café**« oder »**bica**«. Einen Kaffee mit aufgeschäumter Milch bekommt, wer eine »meia de leite« bestellt. »Garoto« nennt sich ein starker Kaffee mit Milch in einer kleinen Tasse. Der »galão« ist ein Espresso mit viel Milch in einem hohen Glas.

Im klassischen Restaurant speist man gediegen. Die traditionelle Speisefolge lautet: Couvert (Gedeck, meist extra berechnet), Vorspeise, Hauptgericht, Dessert, Kaffee. Besonderheiten sind die »marisqueira«, die auf Meeresfrüchte spezialisiert ist, die »churrasqueira« (Grillrestaurant) und die »cervejaria« (Bierkeller mit regionaler Küche). Eine »tasca« kann alles sein von der düsteren Spelunke bis hin zum schicken Bistro. Snacks oder auch das Frühstück werden in einer Bar eingenommen, die wesentlich einfacher als ein Restaurant eingerichtet ist.

BESONDERE EMPFEHLUNGEN
RESTAURANTS

A Rampa 🔖 D2
Scharfe Hühnchen – Beliebtes Ausflugslokal an der Bergstraße zum Fóia. Auf halbem Wege zum höchsten Gipfel der Algarve speist man »frango piri-piri« (Hühnchen mit scharfer Sauce), das unter Kennern als eines der besten weit und breit gilt.
Monchique, Estrada da Fóia N 266-3 | Tel. 2 82 91 26 20 | Mo geschl. | €€
4 km westl. von Monchique

A Ria 🔖 D3
Fischspezialitäten – Ein von außen eher unscheinbares Restaurant an der Uferfront, das jedoch für unverfälschte heimische Küche steht. Auf den Teller kommt frisch gegrillter Fisch je nach Fanglage.
Ferragudo, Rua Infante Santo 27 | Tel. 2 82 46 17 90 | €€

A Sagres 🔖 A4
Maritime Hausmannskost – Das einfache Lokal besticht durch unkomp-

Essen und Trinken | 29

lizierte Gerichte und günstige Preise. Hier findet man noch Typisches ohne Schnickschnack, etwa Spaghetti mit Meeresfrüchten, die sich »esparguete a sagres« nennen, oder »arroz de polvo« (Reiseintopf mit Tintenfisch).
Sagres, Avenida Infante D. Henrique s/n/N 268 | Tel. 2 82 62 41 71 | www.restauranteasagres.com | €

Mariscos e Petiscos K 3
Meeresfrüchte satt – Das Restaurant mag von außen etwas steril wirken, was jedoch durch die stets frische und äußerst geschmackvolle Zubereitung der Gerichte ausgeglichen wird. Meeresfrüchteplatte, Fischplatte, »cataplana«, alles vom Feinsten. Der Besitzer betreibt auch das nebenan gelegene Restaurant Grelha Peixe und ist darüber hinaus im Fischhandel tätig.

Cabanas, Avenida Ria Formosa s/n (am Westrand) | Tel. 2 81 37 07 22 | €€€
4 km östl. von Tavira

CAFÉS
Cafeteria Água Mel F 2
Das künstlerisch angehauchte Lokal im Kaffeehausstil bietet eine wunderbare Auswahl an Kuchen, Marzipan und Gebäck. Außerdem werden typische Produkte der Region zum Kauf angeboten – darunter auch diverse Marmeladen und Honig.
Alte, Avenida 25 de Abril 13 | Tel. 2 89 47 83 38 | tgl. 8–19 Uhr

Weitere empfehlenswerte Adressen finden Sie im Kapitel DIE ALGARVE ERKUNDEN.
Preise für ein dreigängiges Menü:

| €€€€ ab 50 € | €€€ ab 30 € |
| €€ ab 15 € | € bis 15 € |

Authentische Fisch- und Fleischgerichte sind das Markenzeichen der Taberna do Gabão (▶ S. 110) in Odeceixe. Rustikale Gemütlichkeit ist im Preis inbegriffen.

Im Fokus
Der Schnaps vom Erdbeerbaum wird zur Rarität

Eine Spezialität der Algarve ist der »medronho«, ein alkoholisches Getränk aus den Früchten des Erdbeerbaumes. Produziert wird er bis heute auf traditionelle Weise in der Serra de Monchique und der Serra do Caldeirão.

Der Erdbeerbaum (Arbutus unedo), den die Portugiesen »medronheiro« nennen, ist mit den Erdbeeren zwar nicht verwandt, bringt aber ähnlich aussehende Früchte hervor. Er kommt von Natur aus vor allem an sonnigen Hängen der Macchie vor, einer immergrünen Gebüschformation, die typisch ist für die mediterrane Vegetation. Manche Landwirte haben auf ihren oft riesigen, ansonsten kaum nutzbaren Grundstücken etliche Exemplare stehen. Seit jeher überlässt man die Ausbreitung des bis zu 5 m hohen Strauchs der Natur, genauer gesagt den Elstern, die sich von den Früchten ernähren.

Ab Oktober beginnt das mühselige Geschäft der Ernte. Dann öffnen sich gleichzeitig schon die neuen Blüten, die an Maiglöckchen erinnern und als Bienenweide dienen. Es dauert rund ein Jahr, bis die Früchte reif sind. Nicht alle können gleichzeitig abgenommen werden. Die Pflücker sollten

◀ Mühselige Ernte, aufwendige Verarbeitung:
die Früchte des Erdbeerbaums (▶ S. 30).

genau wissen, welche Beeren sich schon für die Schnapsproduktion eignen. Bis in den Dezember hinein müssen sie mehrmals zum selben Baum zurückkehren. Auch zu reif dürfen die Früchte nicht sein, denn in diesem Falle würde schon im Erntekorb eine unerwünschte Gärung einsetzen. Die unreifen Früchte des »Schnapsbaums« sehen wie überdimensionale Walderdbeeren aus. In diesem Zustand schmecken sie mehlig und fad. Sind sie reif, tendiert ihr Geschmack in Richtung süß-sauer.

ROH NICHT GENIESSBAR

Aber auch dann ist der Genuss der rohen Beeren kein wirkliches kulinarisches Erlebnis. Sie müssen durch Verarbeitung veredelt werden. Zu diesem Zweck entwickelten die Bewohner der Algarve Rezepte für Marmelade, Likör oder eben den »medronho«. Für einen Liter Schnaps guter Qualität benötigt man etwa 10 kg Erntegut. Das Einsammeln der Früchte ist eine langwierige Angelegenheit und noch dazu wenig lukrativ: Pro Kilogramm erhalten die Pflücker etwa einen Euro. Erfahrene Kräfte sind dementsprechend immer schwieriger zu bekommen. Die junge Generation sucht sich andere Jobs. So steigen die Produktionskosten für den »medronho« stetig an – ein Teufelskreis, denn viele Kunden sind nicht bereit, die hohen Preise (pro Liter rund 35 €) zu bezahlen.

EIN GESELLSCHAFTLICHES EREIGNIS

In der Vergangenheit war die Ernte ein gesellschaftliches Ereignis, an dem ganze Familien teilnahmen. Nach Ablieferung der Früchte in der Destillerie beging man den Feierabend mit einer Brotzeit und ein paar Gläsern »medronho« auf Kosten des Schnapsherstellers. Wegen der hohen Kosten kann sich das heute kein Produzent mehr leisten. So ist ein Stück soziales Leben des ländlichen Bereichs verloren gegangen. Die Zukunft gehört vermutlich Erdbeerbaumplantagen rund um die Brennereien, denn der konzentrierte Anbau der Sträucher würde die Ernte erheblich erleichtern.

So bleibt die gute Nachricht: Der »medronho« ist nach wie vor erhältlich, was nicht zuletzt auch der touristischen Nachfrage zu verdanken ist. In vielen Bars in den Ortschaften der Serras wird er ausgeschenkt, gern auch mit dem würzigen Gebirgshonig gemischt, der das ansonsten eher säuerliche Getränk in einen lieblichen, likörähnlichen Trunk verwandelt.

Grüner reisen
Urlaub nachhaltig genießen

Wer zu Hause umweltbewusst lebt, möchte vielleicht auch im Urlaub Menschen unterstützen, denen ein verantwortungsvoller Umgang mit der Natur am Herzen liegt. Empfehlenswerte Projekte, mit denen Sie sich und der Umwelt einen Gefallen tun können, finden Sie hier.

Häufig wird der touristische Bauboom kritisiert, der vielerorts dazu geführt hat, dass die Küste zubetoniert wurde. In jüngerer Zeit hat man allerdings versucht, Bausünden dieser Art wieder rückgängig zu machen, indem hässliche Wohntürme aus vergangenen Jahrzehnten abgerissen und durch gefälligere Bauten ersetzt wurden. Veraltete Klärwerke, die lediglich mit einer mechanischen Stufe gearbeitet haben, werden jetzt durch moderne Anlagen ersetzt – etwa in Portimão, wo bis vor Kurzem permanente Geruchsbelästigungen an der Mündung des Rio Arade zu beklagen waren und die Wasserqualität auch des gegenüberliegenden Strandes von Ferragudo gelitten hat.

Ein drückendes Umweltproblem sind nach wie vor Waldbrände, die regelmäßig die Gebirge im Hinterland heimsuchen. Zwar ist nach einer anhaltenden Dürreperiode zu Beginn des Jahrtausends zuletzt wieder mehr Regen gefallen. Doch in Trockenzeiten wirken am Boden liegende Äste und Zweige wie Brandbeschleuniger, wenn irgendwo ein Grillfeuer oder eine weggeworfene Zigarettenkippe für die Initialzündung sorgt. Die Feuerwehren leiden unter Personalmangel und müssen oft hilflos zusehen, wie sich Brände rasch ausbreiten. Das am Boden liegende Totholz darf in der Region nicht weggeräumt werden. Die von der Naturschutzbehörde gut gemeinte Maßnahme dient dem Schutz von Tieren, Pflanzen und Pilzen. Andererseits beschleunigt die trockene Biomasse die Ausbreitung von Bränden, weshalb manche wieder eine regelmäßige Entfernung des Totholzes aus den Wäldern fordern. Das Umweltbewusstsein der Bevölkerung indes hat zuletzt stark zugenommen. So registrieren die Algarvios das allgegenwärtige Palmensterben mit großer Sorge. Nicht nur im Jardim Manuel Bivar in Faro mussten sämtliche Palmen abgeholzt werden, weil sie von dem aus Asien eingeschleppten Palmrüssler befallen und nicht mehr zu retten waren. Jetzt lassen viele Gartenbesitzer ihre Bäume mit Pflanzenschutzmitteln »impfen« oder setzen auf eine komplette Entfernung aller Käfer und Larven, auch wenn mit diesen Maßnahmen relativ hohe Kosten verbunden sind.

ÜBERNACHTEN

Quinta da Figueirinha E3
Das deutsche Ehepaar Zabel gründete das biologisch wirtschaftende Landgut 1988. Heute widmet sich die Quinta auch der Erforschung neuer, für Boden und Klima der Algarve geeigneter Früchte und Anbaumethoden sowie der Weitergabe von Innovationen an interessierte Landwirte. Auf dem 36 ha großen Gelände, durch das lauschige Spazierwege führen, stehen Mandel- und Feigenbäume, Zitruskulturen und andere exotische Obstsorten. Übernachtungsgäste dürfen für ihren eigenen Bedarf nach Herzenslust pflücken. Es gibt Themengärten sowie eine reiche natürliche Flora und Fauna zu entdecken. Vier Rundpools bieten sich zum Schwimmen an. Man wohnt in Apartments unterschiedlicher Größe oder im Ferienhaus. Auf Klimaanlagen wird verzichtet, dafür sorgt ein Kork-Isolationssystem für angenehme Raumtemperaturen auch bei großer Hitze.
Silves, Quinta da Figueirinha | Tel. 282 44 07 00 | www.qdf.pt | 13 Zimmer | € 5 km östl. von Silves

Quintamar K3
Die Tochter eines Schweizers führt gemeinsam mit ihrem portugiesischen Mann und den Kindern das auf Selbstversorgung ausgerichtete Anwesen, in dem nach dem Prinzip der Permakultur gearbeitet wird. Es verfügt über einen Bio-Obstgarten, in dem Pflücken für Gäste erlaubt ist, und einen ebenfalls ökologisch bewirtschafteten Gemüsegarten. Man wohnt in einem von vier Apartments (4–6 Pers.) oder im Ferienhaus Quintamar Pomar (bis zu 6 Pers.). Ein besonderer Clou ist der völlig ohne Chemie auskommende Schwimmteich mit biologischem Regenerationsbereich, in dem sich Frösche und Wasserpflanzen wohlfühlen. Nur

150 m entfernt verläuft die Ecovia do Algarve, ein Fahrradweg, der die gesamte Küste zwischen der spanischen Grenze und Sagres erschließt.
Tavira, Santa Luzia | Tel. 9 63 34 56 37 | www.quintamar.com | 5 Zimmer | €€

ESSEN UND TRINKEN

Mirandus C3
Zutaten aus regionalem Anbau, gern von der in der Nachbarschaft beheimateten Bio-Farm Quinta Seis Marias, bilden hier die Grundlage einer anspruchsvollen mediterranen Küche, die zusätzlich zur kreativen Speisekarte täglich wechselnde Degustationsmenüs bietet – übrigens jeweils mit einer vegetarischen Alternative. Wer mag, kann sich auch vegan, glutenfrei oder mit Rohkost verwöhnen lassen. Angeschlossen ist das Boutiquehotel Vivenda Miranda (€€€€). Für Vollpensionsgäste veranstaltet es mehrmals im Jahr spezielle Events, etwa Rohkost-Vitalwochen mit Zubereitungskursen, Yoga und Besuche des Bio-Bauernhofs Quinta das Barradas.
Porto de Mós, Rua das Violetas s/n | Tel. 2 82 76 32 22 | www.vivendamiranda.com | €€€

EINKAUFEN

A Farrobinha G3
Die Initiative entstand aus dem Wunsch heraus, örtliche kulinarische Traditionen zu bewahren. Aus der Landwirtschaft rund um Querença kommen biologische Produkte, die hier zu hochwertig verpackten Souvenirs verarbeitet werden. Der Schwerpunkt liegt auf Likören, etwa auf der Basis von Johannisbrot (port. »alfarroba«), Orangen oder wilden Brombeeren. Außerdem stehen mit Oregano aromatisierter Essig, klassisch eingelegte Oliven, Kürbis- und Feigenmarmelade sowie manch weitere Köstlichkeit zur Auswahl.
Querença, Largo da Igreja s/n | Tel. 2 89 41 66 87 | www.farrobinha.com

Monte da Casteleja C3
Der Önologe Guillaume Leroux keltert seit 2008 biologische Weine aus typischen Reben der Algarve, der Heimat seiner Mutter. Dabei setzt er auf herkömmliche Produktionsmethoden, etwa das Stampfen der Trauben mit den Füßen oder die Reifung im Holzfass. Sogar die Ernte erfolgt wie eh und je, begleitet von traditionellen Gesängen. Im Angebot sind Rot- und Weißweine sowie Rosés. Wer mag, kann im angeschlossenen Gästehaus (€) mitten in den Weinbergen übernachten und sich vom ökologisch orientierten Lebensstil der Winzerfamilie überzeugen. Zur Zeit der Weinlese wird man gerne zur Teilnahme eingeladen.
Lagos, Monte da Casteleja | Tel. 2 82 79 84 08 | www.montedacasteleja.com | Probe und Verkauf Okt.–März Mo–Sa 15–18, sonst 16–19 Uhr (bitte telefonisch oder online anmelden) | geführte Besichtigung 10 €
2 km nördl. von Lagos

Quinta do Freixo G2
Mit ihren 1100 ha Fläche ist die Quinta do Freixo, in einer wasserreichen Gegend zwischen dem Hügelland des Barrocal und der nördlich angrenzenden Serra gelegen, das größte Landgut der Algarve. Verschiedene Formen der traditionellen Agrar- und Forstwirtschaft werden hier betrieben, trotzdem

ist ein familiärer Charakter bewahrt geblieben. Eine eigene Werkstatt, die besichtigt werden kann, fertigt auf handwerkliche Weise und ohne jeglichen Zusatz von Chemie verschiedene Marmeladen auf der Basis von Tomaten, Orangen, Aprikosen oder Quitten. Außerdem hält der Hofladen »queijo de figo« (Feigenbrot) und luftgetrocknete Kräuter (Oregano, Thymian) sowie Kräutertees bereit. Angeschlossen ist die Casa D'Alvada, eine ländliche Unterkunft mit acht Zimmern und zwei Suiten, Pool, Bar und Frühstücksraum (€). Wer hier wohnt, darf – falls gewünscht – bei der Marmeladenproduktion mitmachen.

Benafim, Quinta do Freixo | Tel. 2 89 47 21 85 | www.quintadofreixo.org

AKTIVITÄTEN

Wandern auf der Via Algarviana

Der rund 300 km lange, 2009 eröffnete Fernwanderweg geht auf eine Initiative der Umweltschutzorganisation Almargem zurück, in der sich einheimische Biologen, Geologen, Naturschützer und Wanderer zusammengeschlossen haben. Gemeinsam wollen sie den sanften Tourismus und die Bewahrung der Natur im Landesinneren der Algarve fördern, um der dortigen Landflucht entgegenzuwirken. Von Alcoutim an der spanischen Grenze führen insgesamt 14 Etappen mit jeweils 15–30 km Länge durch Pinien- und Korkeichenwälder, vorbei an Oliven- und Mandelplantagen durch die hügeligen Serras und später an der Westküste entlang bis zum Cabo São Vicente. Der Weg ist vorbildlich markiert und beschildert. Ein Buch mit Beschreibung der Streckenabschnitte auf Portugiesisch und Englisch gibt es sowohl im Internet (als PDF-Datei) oder in den örtlichen Tourismusbüros (als Printausgabe). Dort sind auch Übernachtungsmöglichkeiten entlang der Strecke aufgelistet.

www.viaalgarviana.org

Der Fernwanderweg Via Algarviana (▶ S. 35) führt von der spanischen Grenze bis zur Westküste Portugals. Unterwegs durchquert er Korkeichenwälder und Mandelplantagen.

EINKAUFEN

Das Hinterland der Algarve ist seit jeher landwirtschaftlich geprägt, kulinarische Köstlichkeiten werden überall angeboten. Kunsthandwerk wird in den Gebirgsregionen tatsächlich noch von Hand hergestellt, eine herausragende Rolle spielen Textilien.

Traditionelle Lebensmittel kaufen Besucher am besten auf Märkten, etwa in der berühmten Markthalle von Loulé ⭐. Manche Köstlichkeit ist allerdings auch in Spezialgeschäften oder direkt vom Erzeuger erhältlich. Außerdem lohnt es sich durchaus, in Supermärkten Ausschau nach guter Qualität zu halten. Aus der Serra do Caldeirão kommt würziger Käse vom Schaf (»ovelha«) und von der Ziege (»cabra«). Verschiedene hochwertige Honigsorten werden in der gesamten Bergregion hergestellt. Eine Besonderheit ist der dezent duftende Orangenblütenhonig aus Olhos de Água. In der Gegend um Monchique wird schmackhafter Schinken hergestellt. Allgegenwärtig ist die Paprika-Knoblauchwurst »chouriço«. Sie weist einen höheren Fettgehalt auf als die ähnliche, aber leichtere »linguiça«. Beide Spezialitäten Südportugals halten sich lange und eignen sich daher gut zur Mitnahme in die Heimat.

◀ Ob als Teller oder Fliese (▶ S. 38): Keramik
gehört zu den beliebtesten Mitbringseln.

Bekannt, beliebt und fruchtig sind auch die Feigen der Algarve, zur Erntezeit frisch, ansonsten getrocknet erhältlich. Die portugiesische Küche kommt ohne **Olivenöl** nicht aus. Hochwertiges Öl und auch eingelegte Oliven sind auf Märkten und in den großen Supermärkten erhältlich. Am weitesten verbreitet ist die Marke »Gallo«, deren Produkte vom günstigen Gebrauchsöl (»aceite«) bis zum hochwertigsten Öl (»virgem extra premium«) reichen. Eine Besonderheit der Algarve ist »medronho«, der Schnaps aus den Früchten des Erdbeerbaums (▶ S. 30). Wird der Schnaps mit Honig vermischt, entsteht der likörartige »melosa«.

WEIN AUS DEM GESAMTEN LAND

Wer Wein mitnehmen möchte, findet eine große Auswahl aus den Regionen Douro und Alentejo. An der Algarve selbst hat Weinbau keine wirkliche Tradition. In jüngerer Zeit werden aber auch hier gute Weine erzeugt, vor allem bei Lagoa und Lagos. Selbstversorger mit Kochgelegenheit in der Unterkunft können sich über das günstige und äußerst frische Angebot an Fisch und Meeresfrüchten freuen. Am besten ersteht man frische Ware in den Markthallen, speziell in denjenigen von Olhão und Portimão, wo sich die größten Fischereihäfen befinden. Direkt vom Boot wird nicht verkauft. Zum Mitnehmen eignen sich Fischkonserven (Sardinen, Tintenfisch u. a.), die oft mit nostalgischen Motiven verziert sind. Sie sind in Spezialgeschäften und Supermärkten zu bekommen.

TYPISCHES KUNSTHANDWERK AUS DEN REGIONEN

Die typischen regionalen Produkte haben einen engen Bezug zum einfachen Landleben und sind fast immer auch daheim von Nutzen. Beliebte Mitbringsel sind Strickwaren wie Pullover, Capes, Socken und Mützen aus dicker Schafwolle. Im winterkühlen hügeligen Hinterland werden sie nach wie vor von den Einheimischen gebraucht, da in den meisten Häusern bis heute nicht geheizt wird. Ebenfalls eine wichtige Rolle spielen die Woll- und Leinenwebereien, deren Decken und Teppiche in Kunsthandwerksläden allgegenwärtig sind. In der Gegenwart kommt kaum ein Haushalt an der Algarve ohne einen oder mehrere Flickenteppiche aus, die traditionell aus Gründen der Sparsamkeit aus Stoffresten produziert werden. Alcoutim ist Zentrum der Weberei, aber auch in Cachopo erhält man hochwertige Stücke.

Allgegenwärtig sind Korkeichenwälder rund um São Brás de Alportel und Silves. Der Großteil der Korkernte geht in die Herstellung von Flaschenkorken. Es werden aber auch stilvolle Souvenirs wie Untersetzer, Taschen, Lampenschirme und Schalen hergestellt. Tradition hat zudem die Kunst der Metallverarbeitung. Vor allem Gebrauchsgegenstände aus Kupfer sind günstig zu bekommen. Ein nützliches Mitbringsel für die heimische Küche wäre eine Kupferpfanne für das klassische portugiesische Eintopfgericht, die »cataplana«.

Keramik ist in ganz Portugal verbreitet, so auch an der Algarve. Farbenfrohe Schüsseln, Teller, Tassen und Tiegel werden auf fast allen Märkten angeboten. Die meisten der bemalten »azulejos« (Fliesen) kommen allerdings aus industrieller Herstellung. Ladenschlusszeiten spielen übrigens in Portugal kaum eine Rolle. Viele Geschäfte öffnen bis weit in den Abend hinein oder sogar am Sonntag.

BESONDERE EMPFEHLUNGEN
KERAMIK

Casa Algarve 🟣 E3
In Porches, dem Zentrum der Keramikherstellung an der Algarve, reihen sich entlang der Landstraße die Traditionstöpfereien aneinander. Sie stellen die »azulejos« her, gern in den Farben Blau und Weiß, aber auch bunt glasierte oder unglasierte Gebrauchs- und Dekorationsgegenstände. Nett etwa sind die maurisch inspirierten Tonlampen für Terrasse oder Hauseingang. Eine bewährte Adresse mit Riesenauswahl ist die Casa Algarve.
Porches, EN 125 | www.casaalgarve.wix.com/casaalgarveporches
5 km östl. von Lagoa

Casa da Nogueira 🟣 D2
Die Werkstatt von Leonel Telo wirkt wie ein kleines Keramikmuseum, ebenso der wildromantische Innenhof. Alles bordet über vor Einzelstücken.
Monchique, Rua do Côrro 2 | Tel. 282 91 13 77

KULINARISCHES
Evangelista de Oliveira
Die Fleischerei ist auf hochwertige Produkte vom »porco preto« spezialisiert, dem berühmten schwarzen Iberischen Schwein. An den beiden nachfolgenden Adressen gibt es schmackhaften Schinken und Würste direkt vom Produzenten.
– Aljezur, Largo 1° de Maio s/n | Tel. 9 16 26 46 63 | www.evangelistadeoliveira.com | Mo–Sa 9–13 und 15–19.30 Uhr 🟣 B2
– Monchique, Calçada de Santo António 33 | Tel. 2 82 91 21 14 | www.evangelistadeoliveira.com | Mo–Fr 9–13 und 14–18 Uhr 🟣 D2

Maria do Mar
Schnuckeliger Laden mit einer großartigen Auswahl an nostalgischen Fischkonserven, u. a. der Traditionsmarke »La Rose«, die zwar nicht mehr an der Algarve, sondern in Mittelportugal produziert wird, aber mit einem besonders attraktiven Etikett daher-

kommt. Im Sortiment befindet sich darüber hinaus andere Feinkost wie Olivenöl, Salz und Wein.
– Lagos, Rua Conselheiro J. Machado 21 | Tel. 9 17 74 67 44 ▶ S. 87, a 1
– Portimão, Rua Direita 89 | Tel. 2 82 09 41 04 ▶ S. 93, a 3

Monterosa J 3
Ein ganz besonderes Olivenöl, das sogar im Nobel-Feinkostladen »Fortnum & Mason« in London angeboten wird, kommt aus dieser Plantage. Vor dem Kauf können Kunden die Anlage besichtigen und verschiedene Qualitäten verkosten. Die angebotenen Produkte sind nicht ganz billig, aber sie sind ihren Preis wert.
Moncarapacho, Lagar da Horta do Félix | Tel. 2 89 79 04 40 | www.monterosa-oliveoil.com | Mo, Mi und Do 9–12 Uhr

Quinta do Mel F 3
In der Quinta do Mel bei Olhos de Água wird milder Honig aus Orangenblüten gewonnen. In schönen Keramikgefäßen wird er direkt vor Ort verkauft.
Olhos de Água, Aldeia dos Açoteias | Tel. 2 89 54 36 74 | www.quintadofreixo.org/quintadomel

SCHMUCK
Ourivesaria Rafael ▶ S. 93, a 1
In Portugal ist klassischer Schmuck aus Rotgold beliebt, besonders in Form der fein ziselierten »filigranas«. Eine gut sortierte Auswahl bietet dieser Juwelierladen in Portimão.
Portimão, Rua do Comércio 65 | Tel. 2 82 42 70 90 | Mo–Fr 10–19, Sa 10–13 Uhr

Weitere Geschäfte und Märkte finden Sie im Kapitel **DIE ALGARVE ERKUNDEN**.

Die Markthalle von Loulé (▶ MERIAN TopTen, S. 66) gehört für Feinschmecker zum Pflichtprogramm. Vom Obst bis zu Wurstwaren werden hier regionale Produkte verkauft.

SPORT UND STRÄNDE

Die langen Sandstrände bieten sich für verschiedene Formen von Wassersport an. Wanderer, Läufer und Reiter kommen sowohl an der Küste als auch im hügeligen Hinterland auf ihre Kosten. Einen hohen Stellenwert genießt der Golfsport.

Entlang der Küste der Algarve breiten sich Strände für jeden Geschmack aus. Ausgedehnte, von Dünen gesäumte Sandstreifen sind charakteristisch für die sogenannte Sandalgarve im Osten. Hier können sich auch Kinder und ungeübte Schwimmer meist gefahrlos im Wasser tummeln. Hingegen überragen bizarre Klippen die Strände und Badebuchten an der Felsalgarve weiter westlich. Die Grenze zwischen beiden Bereichen verläuft bei dem Städtchen Quarteira. So weit die Südküste mit ihren beliebten Ferienorten, die von einem milden Klima und relativ hohen Wassertemperaturen im Meer profitieren.

Die Westküste hingegen, die Costa Vicentina, ähnelt landschaftlich zwar der Felsalgarve, ist aber – auch dank ihrer weitgehenden **Naturbelassenheit** – vielleicht sogar spektakulärer und fotogener. Doch weht oft ein rauer Wind, der eine hohe Brandung erzeugt. Die dortigen Strände eig-

◀ Augenweide auf den letzten Metern:
der Strand von Carrapateira (▶ S. 108).

nen sich daher besser zum Wellenreiten als zum Baden. Entsprechend haben sich hier keine größeren Urlaubsorte entwickelt.
Etwa 80 Strände der Algarve werden alljährlich mit dem Gütesiegel der Blauen Flagge ausgezeichnet, das für Sauberkeit und Wasserqualität steht. An bewachten Stränden zeigen in Portugal grüne, gelbe und rote Flaggen an, wie gefährlich oder unbedenklich das Baden ist. Grün bedeutet ruhige See, kaum Wind, das Baden ist ohne Schwierigkeiten möglich. Bei gelber Flagge ist eigentlich das Schwimmen verboten. Man darf nur bis Stehtiefe ins Wasser gehen. Wellengang und Wind – besonders ablandiger – können tückisch sein. Eine rote Flagge bedeutet, dass Baden komplett verboten ist.

WELLENREITEN AN DER WESTKÜSTE

Während das Windsurfen an der Algarve trotz guter Windverhältnisse eher weniger verbreitet ist, erfreut sich das Wellenreiten als der zentrale Wassersport einer großen Beliebtheit vor allem bei einem jungen Publikum. Könner wagen sich in die Brandung der Westküste, weniger Geübte bevorzugen vielleicht eher die ruhigeren Strände zwischen Lagos und Sagres. Dort liegen auch interessante Reviere für Taucher und Schnorchler. Zahlreiche Grotten und Felsen gliedern die facettenreiche Unterwasserlandschaft. Hier ist die wichtigste Sportart eindeutig das Golfen. Die schönsten Plätze Portugals, das insgesamt als Paradies für Golfer gilt, liegen eindeutig an der Algarve. Herausragend unter den Clubs: die Quinta do Lago und der Royal Golf Course Vale de Lobo. Der längste 18-Loch-Platz von Portugal ist der Oceanico Victoria in Vilamoura, von der Golflegende Arnold Palmer angelegt.

UNENTDECKTE WANDERROUTEN

Im Trend liegt das Reiten, nicht nur im Hinterland, sondern auch an den Stränden. Viele Hotels abseits der Küsten vermitteln Ausritte oder verfügen über eigene Pferde. Die flachen Küstengebiete eignen sich zudem für ausgedehnte Radtouren. Oft stellen Hotels ihren Gästen Leihfahrräder zur Verfügung. Die Costa Vicentina und das Landesinnere lassen sich auf zahlreichen Pisten gut mit dem Mountainbike erkunden.
Auch wenn die Algarve nicht wirklich als Wandergebiet bekannt ist, erschließt sich ihr landschaftlicher Reiz insbesondere dann, wenn man zu

Fuß unterwegs ist. Während die Küste im Süden zu ausgedehnten Strandwanderungen durch Dünen und vorbei an Lagunen einlädt, kann man es in den Bergen, speziell in der Serra de Monchique und auf den Wegen der Costa Vicentina, sportlicher angehen lassen. Zugleich kann man dort die Ruhe und Abgeschiedenheit genießen. Im Barrocal – dem Landstrich zwischen Südküste und nördlich gelegenem Gebirge – verlaufen die Wege durch Mandel-, Feigen- und Olivenplantagen oder durch Korkeichenwälder. Dort, wo es sich wandern lässt, kommen auch Läufer gut zurecht. Neben flachen Küsten- und Sandtrails bietet das hügelige, aber nicht zu steile Hinterland ein angenehmes Relief für Bergläufe.

GOLF

Allgemeine Information unter www.linksgolfportugal.com.

Quinta do Lago G2
Große Anlage mit drei 18-Loch-Plätzen.
Almancil, Quinta do Lago | Tel. 2 89 35 23 52 | www.quinta-do-lago-country-club.com

Oceanico Golf G3
Anlage mit insgesamt acht Plätzen. Am attraktivsten dürfte Oceanico Victoria sein (18 Löcher).
Vilamoura | Tel. 2 89 31 03 33 | www.oceanicogolf.com
3 km nordwestl. von Quarteire

Royal Golf Course Vale do Lobo G3
Landschaftlich schön gelegener, abwechslungsreicher 18-Loch-Platz.
Almancil, Vale do Lobo | Tel. 2 89 35 34 65 | www.valedolobo.com

KITESURFEN

Algarve Watersport C3
Schule und Ausrüstungsverleih. Unterkunft im Kitehouse in Bungalows, Doppel- und Mehrbettzimmern. Lagos, Estrada da Albardeira | Tel. 9 60 46 08 00 | http://de.algarvewatersport.com

LAUFEN

Runner's World Laufcamps
Von der Laufzeitschrift Runner's World werden Laufcamps an der Algarve organisiert. Professionelle Betreuung.
www.runnersworld.de

RADFAHREN

Abílio Bike Shop K3
Alles vom Kinderrad über das Tourenrad bis zum Rennrad wird vermietet.
Tavira, Rua João Vaz Corte Real 23 | Tel. 2 81 32 34 67 | www.abiliobikes.com

Bike Algarve H2
Verleih von hochwertigen Renn- und Trekkingrädern sowie Mountainbikes.
Faro, EN 125 42 | Tel. 2 89 86 56 72 | www.bikealgarve.com

East Algarve Bike Hire K3
Vermietung von Stadt- und Trekkingrädern.
Tavira, Rua Amaro Gonçalves s/n | Tel. 9 62 38 87 10 | www.eastalgarvebikehire.com

Sport und Strände | 43

Outdoor-Tours.com 📖 D3

Mietfahrräder, geführte Touren, Downhill in der Serra de Monchique. Auch Canyoning, Segeln und Seekajak.

Mexilhoeira Grande, Sitio das Boiças, EN 125 | Tel. 2 82 96 95 20 | www.outdoor-tours.com

REITEN

Centro Hípico Tiffany's 📖 C3

Geführte Ausritte, Kurse, Vermittlung von Reiterferien.

Luz, EN 125 | Tel. 2 82 69 73 95 | www.teamtiffanys.com
5 km westl. von Lagos

Country Riding Center 📖 E3

Reiterhof mit mehr als 20 Pferden. Reitkurse und Ausritte.

Silves, Rua de Pinheiro e Garrado s/n | Tel. 9 17 97 69 92 | www.countryridingcentre.com

Horse Shoe Ranch 📖 D3

Reiterhof mit Unterkunft in Apartments. Umfangreiches Angebot von Ausritten und Reitkursen bis hin zu kompletten Ferien.

Mexilhoeira Grande | Tel. 2 82 47 13 04 | www.horseshoeranch.de

SEGELN

Quima Yachting 📖 D2

Charter von Segelbooten oder Mitsegelgelegenheit ab Vilamoura und Portimão.

Monchique, Castelo de Nava | Tel. 2 82 91 29 93 | www.quima-yachting.com

Sail Company Logoseira 📖 C3

Katamaransegeln und Segelunterricht.

Lagos, Meia Praia | Tel. 9 10 39 37 00 | www.sailcompany.com

TAUCHEN

Blue Ocean Divers 📖 C3

Schule der »Professional Association of Diving Instructors« (PADI) und Verleih von Ausrüstung.

Lagos, Estrada de Porto de Mos s/n | Tel. 9 64 66 56 67 | www.blue-ocean-divers.de

Cape 📖 A4

Unter schweizerischer Leitung. Unterschiedliche Kurse (PADI), auch für Kinder, Tauchausfahrten und Verleih.

Sagres, Porto da Baleeira | Tel. 2 82 62 43 70 | www.diverscape.com

Divers Cove 📖 D3

PADI-Tauchschule unter deutscher Leitung, seit 1992 etabliert.

Carvoeiro, Quinta do Paraíso, Praia do Carvoeiro | Tel. 2 82 35 65 94 | www.divers-cove.com

WANDERN

Die Tourismusbehörde bietet einen Wanderführer mit mehr als 30 Touren zum Gratis-Download unter www.visitalgarve.pt (Stichwort Presseraum) an.

WASSERPARKS

Aquashow 📖 G3

Beliebter Wasser-Vergnügungspark, jedes Jahr neue Attraktionen.

Quarteira, Semino EN 396 | www.aquashowpark.com | Mai–Sept. tgl. 10–17 (17.30/18.30/19) Uhr | Eintritt 27 €, Kinder 18 €

Slide & Splash 📖 E3

Familienfreundliche Anlage, für kleinere und größere Kinder geeignet.

Lagoa, EN 125 Vale de Deus-Estombar | www.slidesplash.com | April–Okt.

Die Lagunenlandschaft des Naturparks Ria Formosa (▶ S. 128) ist ein bevorzugtes Terrain für Radfahrer und Wanderer. Sie finden dort naturbelassene Strandinseln vor.

Mo–Sa 10–17 (17.30, 18, 18.30) Uhr, Mitte April–Sept. auch am So | Eintritt 25 €, Kinder 18 €

WELLENREITEN

Algarve Surf School ⚑ B 3

In der Szene bekannte Wellenreitschule, seit 1996 im Geschäft.
Carrapateira, Praia do Amado | Tel. 9 62 84 67 71 | www.algarvesurfschool.com

Amado Surf Camp ⚑ B 3

Wellenreitschule mit Camp. Unterkunft im Bungalow oder Zelt.
Carrapateira, Praia do Amado | Tel. 9 27 83 15 68 | www.amadosurfcamp.com

Wave Culture Surfcamps ⚑ B 3

Kurse für jedes Niveau. Unterkunft in der Surflodge in Burgau.

Burgau, Rua da Fortaleza 2 | Tel. 9 18 76 41 90 | www.surfing-algarve.com

STRÄNDE

Albufeira ⚑ F 3

Der beliebte Ferienort verfügt über einen gepflegten Stadtstrand. Idyllische Buchten liegen weiter im Osten: Praia dos Aveiros und Praia da Oura.

Aljezur ⚑ B 2

Viele kleine Strände, die durch Felsklippen voneinander getrennt sind, etwa die Praia da Armoreira. Südlich von Aljezur liegt mit der Praia da Arrifana ein langer, bei Surfern beliebter Sandstrand vor steiler Felskulisse.

Carrapateira ⚑ B 3

Zwei Naturstrände: Für lange Spaziergänge eignet sich die Praia da Bordeira, während die Praia do Amado fest in der Hand von Wellenreitern ist.

Ilha de Armona/Ilha do Farol H/J 2
Vor Olhão liegen zwei Sandinseln mit guten Bademöglichkeiten: die Ilha de Armona mit Unterkünften und die einsamere Ilha do Farol, die in ihrem Ostteil Ilha da Culatra heißt.

Ilha de Tavira J 2/3, K 3
Düneninsel mit 15 km langem Sandstrand. Hier findet man auch in der Hochsaison noch einsame Stellen.

Lagos C 3
Für Kinder eignet sich insbesondere die Praia de Porto de Mós. Goldgelbe Sandbuchten zum Relaxen sind die Praia do Camilo, Praia da Dona Ana und Praia do Pinhão, alle in Richtung Ponta da Piedade ⭐5 gelegen.

Praia de Alvor D 3
Der unter Naturschutz gestellten Lagune Ria de Alvor vorgelagert ist dieser lange, weitgehend unverbaute Strand, der sich sowohl zum Baden als auch für ausgedehnte Spaziergänge eignet.

Praia de Falésia F 3
Der weitläufige Strand östlich von Olhos de Água besticht durch eine eindrucksvolle Felswand im Hintergrund und zählt sicherlich zu den attraktivsten Küstenabschnitten der Algarve.

Praia de Monte Gordo L 3
Scheinbar endlos zieht sich dieser kinderfreundliche, seicht ins Meer abfallende Strand bis zur Mündung des Rio Guadiana hin. Sehr gute Infrastruktur vorhanden.

Praia do Anção G 2
Der Strand des Nobelferienorts Quinta do Lago wirkt auch während der Hochsaison nicht überlaufen. Er liegt vor der Lagunenlandschaft Ria Formosa.

Praia do Castelejo A 3
Die malerische, einsame Bucht 5 km nordwestlich von Vila do Bispo zählt zu den schönsten Strände der Westküste, ist zum Baden wegen der oft starken Brandung allerdings kaum geeignet.

Praia do Faro H 2
Der Hauptstrand von Faro wird gern von den Stadtbewohnern aufgesucht. Weiter südöstlich liegt die Sandbank Ilha Deserta. Da sie nur per Boot zu erreichen ist, hält sich der Andrang in Grenzen.

Praia Grande E 3
Ein Naturstrand östlich von Armação de Pêra. Er wird landeinwärts von einem bis zu 1000 m breiten Dünenstreifen begrenzt und bietet jede Menge Platz zum Sonnenbaden.

Sagres A 4
Westlich des Ortes liegt an einem Felsküstenabschnitt die Praia de Tonel. Der eigentliche Stadtstrand ist die weitläufige Praia da Mareta. In der östlich angrenzenden Bucht hat die Wellenreiterszene den Bilderbuchstrand Praia Martinhal für sich entdeckt.

Vilamoura G 3
Die gut geschützte Praia da Marina am Jachthafen ist auch für Kinder geeignet. Ebenfalls flach und mit seichtem Wasser lockt der benachbarte Dünenstrand Praia da Rocha Baixinha.

FESTE FEIERN

An der Algarve wird gerne gefeiert. Vor allem im Sommer finden zahlreiche kulturelle Veranstaltungen statt. Beliebt sind Konzerte und Open-Air-Festivals. Fast jedes Dorf hat seine christliche »romeria« (Wallfahrt) mit heiterem Beiprogramm.

Die unzähligen Feste an der Algarve blicken fast alle auf einen christlichen Ursprung zurück. Kaum ein Dorf ohne Wallfahrt. Nach dem Gottesdienst und der feierlichen Prozession zu Ehren des Ortspatrons wird die Stimmung bald recht ausgelassen. Folkloremusik und die dazugehörigen Tänze begeistern nicht nur die älteren Semester.

FREUDE AN DER MANDELBLÜTE

Karneval ist ein wichtiger Festtermin und wird ähnlich, allerdings nicht ganz so aufwendig wie in Brasilien mit Sambamusik und Tanzgruppen gefeiert. Zu Ostern gibt es zwar Prozessionen. Diese stehen aber in ihrer Bedeutung weit hinter denjenigen im benachbarten Spanien zurück.

Andere, heute oft eher weltlich orientierte Feste richten sich nach örtlichen Besonderheiten. So wird im Februar vielerorts die Mandelblüte

◀ Folkloretänzerinnen bei der Festa da Fonte Grande (▶ S. 48) im kleinen Dorf Alte.

gefeiert. In Querença begeht man die Festa das Chouriças (»chouriço« = Paprikawurst). Portimão ist berühmt für seine Sardinhada, das Sardinenfest. In Olhão ehrt man die Meeresfrüchte und den Schutzherrn der Feigen. Außerdem ist der Festkalender besonders in den Ferienmonaten im Sommer gut gefüllt mit Konzerten, Jazzfestivals, Bierfestivals, Sportveranstaltungen, Theateraufführungen, Ausstellungen und Flohmärkten. Eine Übersicht der aktuellen Feierlichkeiten und Events findet man in der vor Ort erhältlichen, deutschsprachigen Zeitung »Entdecken Sie Algarve« und im Internet unter www.entdecken-sie-algarve.com.

JANUAR
Festa das Chouriças, Querença
Ursprünglich das Fest zu Ehren von São Luis, dem Schutzpatron der Tiere. Heute dreht sich bei den Feierlichkeiten fast alles um die Paprika-Knoblauchwurst »chouriço«. Mit Prozession, Feuerwerk, kulturellem Beiprogramm und natürlich Wurstverkostungen.
Mitte Januar

FEBRUAR/MÄRZ
Carnaval
Interessant zu erleben ist der Umzug am Karnevalsdienstag in Loulé mit aufwendig geschmückten Sambatanzgruppen und Musik. Vorsicht: Von den Wagen werden neben Blumen auch Eier und Mehl geworfen. Quarteira und Tavira bieten ebenfalls sehenswerte Umzüge.

MÄRZ/APRIL
Festa de Páscoa
Zu Ostern finden in vielen Orten Prozessionen statt. In São Brás de Alportel zieht am Ostersonntag eine abendliche Fackelprozession zur Gemeindekirche. Die Bewohner von Loulé widmen eine recht ungewöhnliche Prozession der Lieben Jungfrau der Barmherzigkeit (Nossa Senhora da Piedade), indem sie mit einer Statue der Jungfrau vom Berg Piedade hinunter zur Pfarrkirche im Laufschritt rennen. Dort bleibt sie dann zwei Wochen, bevor sie in ihr Bergheiligtum zurückkehrt.
Ostern

Algarve Nature Week 🚩
Die erste Ausgabe der neuntägigen Naturwoche fand 2015 statt. Über 90 Outdoor-Aktivitäten wurden im Rahmen der Premiere angeboten, um den Besuchern die Naturschätze der Region nahezubringen. Etwa geführte Wanderungen und ornithologische Exkursionen, Bootsfahrten zur Wal- und Delfinbeobachtung, Radtouren und Ausritte zu Pferd oder Esel. Im Mittelpunkt steht eine Ausstellung im Parque Ribeirinho in Faro. Dort präsentieren die Veranstalter ihre Programme.
Mitte April
Faro, Sítio de Panasqueira | www.algarvenatureweek.pt | Eintritt frei

MAI

Festa da Fonte Grande, Alte
Eine Prozession von Reitern und Folkloregruppen zieht zur Quelle Fonte Grande.
1. Mai

Festa da Espiga, Salir
Beim Ährenfest feiern die Ortsbewohner die Fruchtbarkeit des Bodens mit einem großen Umzug.
1. Maiwoche

JUNI

Feira de Artesanato e Etnografia, Alcoutim
Vielseitiger Kunsthandwerkermarkt in Alcoutim. Wechselndes Datum, meist an einem Wochenende.

Festa de São João
Das Johannisfest ist eines der wichtigsten Heiligenfeste in Portugal. Am sehenswertesten sind die Feierlichkeiten in Tavira. Die ganze Stadt schmückt sich mit Blumen, als Beiprogramm finden Musikaufführungen statt, an vielen Ständen können kulinarische Spezialitäten der Region verkostet werden.
24. Juni

Santos Populares
Wie in ganz Portugal werden auch an der Algarve vielerorts die Feste der Volksheiligen São Gonçalo (3. Juni), Santo António (13. Juni) und São Pedro (29. Juni) kräftig gefeiert, mit viel Tanz und Musik, Essen und Trinken.

JULI

Festa de Nossa Senhora do Carmo
In Faro steht die gleichnamige Kirche im Mittelpunkt der Feierlichkeiten zu Ehren der Karmeljungfrau. Neun Tage dauern die Vorbereitungen, die ein populäres Volksfest, Messen und die Aufnahme von Novizen in den angeschlossenen Orden einschließen. Dann findet das Ereignis mit einer großen abendlichen Prozession seinen Abschluss. Am folgenden Samstag ehrt die Fischergemeinde Fuseta die Senhora do Carmo mit einer Bootsprozession.
16. Juli

Festival Internacional de Jazz, Loulé
Hochkarätig besetztes Jazzfestival in der Altstadt von Loulé, von klassischem bis modernem Jazz ist alles dabei.
2. Julihälfte
www.ccloule.com

Festa da Cerveja, Silves
Rund um die Burg von Silves dreht sich alles ums Bier, das dabei in Strömen fließt. Großes musikalisches Rahmenprogramm.
3. Juliwoche

AUGUST

Festival da Sardinha, Portimão
Das größte Sardinenfest an der Algarve. Die Restaurants der Stadt bieten Festmenüs an, zahlreiche Stände grillen die Fische über Holzkohle. Ein Höhepunkt ist bei einem Wettessen die Ermittlung des Papa Sardinhas (Sardinenkönig). Wer Chancen haben möchte, sollte ungefähr 50 Fische in 15 Minuten verspeisen können. Für Wettbewerbsteilnehmer wie auch allgemein für Festbesucher gilt: Sardinen werden auf eine Scheibe Brot gepackt und dann aus der Hand gegessen. Das umfangreiche Beiprogramm

umfasst Folkloreaufführungen, Musik, Demonstrationen des traditionellen Fischfangs sowie einen Kunsthandwerkermarkt.
Anf. bis Mitte Aug.
www.festivaldasardinha.pt

Festival do Marisco, Olhão
Was für Portimão das Sardinenfest, ist für Olhão das Meeresfrüchtefest. Zahlreiche in Portugal populäre Musikgruppen treten bei dieser Gelegenheit auf. Natürlich gibt es an zahlreichen Ständen entlang der Uferpromenade die feinsten Meeresfrüchte.
1. Augusthälfte

Feira Medieval, Silves
Thema der Mittelaltermesse ist die Zeit der Mauren. Mit Flohmarkt und folkloristischem Beiprogramm.
2. Augustwoche

Festa da Nossa Senhora da Orada, Albufeira
Prozession der Fischer mit ihrer Schutzheiligen zum Strand. Mit Kunsthandwerkermarkt und Musik.
14./15. August

Dias Medievais, Castro Marim
Vier Tage feiert Castro Marim rund um die Burg sein Mittelalterfest, mit Kunsthandwerkermarkt.
Ende August

SEPTEMBER
Festas do Pescador, Albufeira
Zweitägiges kulinarisches Fest rund um das Thema Meer. Mit zahlreichen Ständen, die typische Gerichte der Algarve anbieten.
Anfang September

Feira de São Miguel, Olhão
Der Erzengel Michael gilt als der Schutzpatron der Feigen, die heute bei diesem Fest im Mittelpunkt stehen. Mit Flohmarkt und Folklore.
29. September

NOVEMBER
Feira de São Martinho, Portimão
Großer Jahrmarkt zu Ehren St. Martin, der auf das 17. Jh. zurückgeht.
2. Novemberwoche
www.mercadodeportimao.pt

Festival da Batata-doce, Aljezur
Süßkartoffelfest. In Restaurants und an Ständen werden alle möglichen Gerichte mit der nahrhaften Knolle angeboten.
Ende November
http://festival-batatadoce.cm-aljezur.pt

DEZEMBER
Natal
Das Weihnachtsfest wird in Portugal ähnlich wie in anderen europäischen Ländern gefeiert. Am Heiligabend besucht die ganze Familie die Mitternachtsmesse. Straßen und Häuser sind mit Lichterketten geschmückt. Am 25. Dezember steht das öffentliche Leben still. Hingegen ist der 26. Dezember kein Feiertag.
24./25. Dezember

Fim do Ano
Auch an der Algarve wird zum Jahreswechsel geböllert. Der Tradition folgend sollte man um Mitternacht zu jedem Glockenschlag eine Rosine verspeisen, bei jeder Frucht darf man sich etwas wünschen.
31. Dezember

MIT ALLEN SINNEN
Die Algarve spüren & erleben

Reisen – das bedeutet aufregende Gerüche und neue Geschmackserlebnisse, intensive Farben, unbekannte Klänge und unerwartete Einsichten; denn unterwegs ist Ihr Geist auf besondere Art und Weise geschärft. Also, lassen Sie sich mit unseren Empfehlungen auf das Leben vor Ort ein, fordern Sie Ihre Sinne heraus und erleben Sie Inspiration. Es wird Ihnen unter die Haut gehen!

◀ Kurioser Zeitgenosse und großartiger Schwimmer: der Wasserhund (▶ S. 51).

ESSEN UND TRINKEN
Kreative Kochkurse 🗺 D3

In Martins Kulinarium können Sie in Gesellschaft von Gleichgesinnten einen anregenden Tag verbringen, an dessen Ende Sie neue Inspirationen für Ihre Küche daheim und Erkenntnisse über exzellente Algarve-Weine mitnehmen werden. Begleiten Sie Martin Busse zunächst in die Markthalle von Portimão zum gemeinsamen Einkauf von Fleisch, Fisch und Bio-Gemüse. Anschließend bereiten Sie unter seiner Anleitung zehn bis 15 verschiedene portugiesische Gerichte zu, von Tapas und Vorspeisen über Hauptgänge bis zum Dessert. Und das alles in gepflegter Atmosphäre und mit viel Gelegenheit zu guten Gesprächen. Der Schwerpunkt liegt jeweils auf regionalen Zutaten, im Herbst zum Beispiel sind das Waldpilze. Auch für Kinder gibt es spezielle Kochkurse, bei denen sie weg von Fast Food und hin zu frischen Lebensmitteln geführt werden.
Carvoeiro, Rua dos Moinhos | Tel. 9 52 87 85 15 | www.kulinariumalgarve.com | Termine und Preise auf Anfrage

KULTUR UND UNTERHALTUNG
Fado im O Cangalho 🗺 C3

Jeden Dienstag ist Fado-Abend in dem traditionellen Restaurant beim Zoo von Lagos. Dann erklingen die für Portugal so typischen melancholischen Lieder. Auch wer die Texte nicht versteht, wird von der Inbrunst der Vorträge, der melodischen Begleitung durch Zupfinstrumente und der ein wenig verruchten Atmosphäre hingerissen sein. Die Sängerinnen und Sänger – zu denen auch der Wirt selbst gehört – müssen sich übrigens nicht vor den bekannten Interpreten in Lissabon verstecken. Ein Eintrittsgeld wird nicht verlangt. Allerdings wird erwartet, dass die Gäste ein Abendessen bestellen, wobei sich die Preise im Gegensatz zu manchem anderen Fado-Restaurant erfreulich in Grenzen halten. Die Küche ist auf deftige Fleisch-

gerichte spezialisiert, insbesondere auf verschiedene Varianten vom Rindersteak sowie auf Lamm und Kaninchen.
🕐 Der Fado beginnt zwischen 21 und 21.30 Uhr. Am besten spätestens für 20 Uhr einen Tisch reservieren!
Barão de São João, Quinta das Figueiras | Tel. 2 82 68 72 18 | www.cangalho.com | Küche 18.30–22 Uhr, 2. Hälfte Nov. und 2. Hälfte Jan. geschl. | €€
10 km nordwestl. von Lagos

AKTIVITÄTEN
Besuch bei den Wasserhunden 🚶 🗺 C3

Rodrigo Pinto züchtet den seltenen »cão d'água«, den traditionellen Hund der Algarve. Seine Hundepension Casa da Buba steht Interessierten offen, die

sich hier von dem freundlichen Wesen des struppigen Wasserhunds überzeugen können. Er ähnelt zwar auf den ersten Blick mit seinem schwarzen, gelockten Fell einem Pudel, unterscheidet sich aber von diesem ganz deutlich durch seine Schwimmhäute an den Pfoten. Früher war er der ständige Begleiter der Fischer und tauchte mehrere Meter tief, um die Fische ins Netz zu treiben. Mit dem Übergang zur Großfischerei Anfang des 20. Jh. drohte die uralte Hunderasse auszusterben. Heute widmen sich engagierte Privatleute der Pflege der inzwischen wieder rund 1000 Tiere.
Lagos, Monte da Ladeira Branca | Tel. 282 78 26 58 | www.cdblagos.com | tgl. 8–12, 15–18 Uhr | Spende willkommen
3 km westl. von Lagos

Exkursion zu Delfinen und Walen
📍 D3

Mit dem »Eco Explorer«, einem schnittigen Schlauchboot, geht es gemeinsam mit engagierten Meeresbiologen von Wildwatch Algarve für eineinhalb Stunden hinaus aufs Meer in die natürlichen Lebensräume der riesigen Meeressäuger. Die Annäherung etwa an Große Tümmler oder Zwergwale wird zum unvergesslichen emotionalen Erlebnis, das man anschließend gemeinsam bei einer Tasse Tee und typischem Gebäck im Dolphin Watching Center ausklingen lässt. Denken Sie an einen Anorak, denn auch im Sommer kann es auf dem Atlantik recht kühl werden. Und rechnen Sie damit, von den Delfinen nassgespritzt zu werden, die sich einen Spaß daraus machen, um das Boot herumzuspringen. Wildwatch Algarve ist Mitglied der Organisation Planet Whale, die sich der sanften Walbeobachtung verschrieben hat.
Ferragudo, Rua da Ribeira 73 | Tel. 2 82 42 23 73 | www.wildwatch.pt | pro Pers. ca. 35 € (mit Sichtungsgarantie)

Mit dem Jeep in die Wildnis
📍 D3

Wer einen der achtsitzigen Geländewagen von Outdoor-Tours.com chartert, hat diesen ganz für sich. Am Steuer sitzt ein erfahrener Guide. Eine Standardtour führt mit Zwischenstopps in die Serra de Monchique, um reines Quellwasser zu trinken oder den Duft des Eukalyptus zu schnuppern.
Mexilhoira Grande, Sítio das Boiças | www.outdoor-tours.com | pro Tag 290 €

Wanderung zu Quellen und Höhlen
📍 G3

Den Kern des kleinen, aber feinen Naturschutzgebietes Fonte Benémola bildet ein erstaunlich wasserreiches Tal, wie man es im Hinterland der

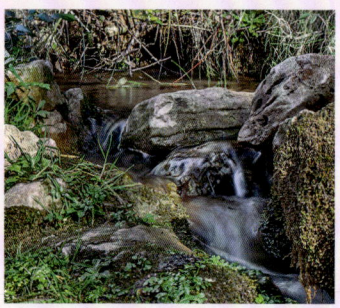

Algarve eigentlich gar nicht erwartet. Ein 5 km langer, bequemer Rundweg durch das idyllische Gebiet beginnt an der Straße von Querença nach Tôr. Rechnen Sie mit ca. 1,5 Std. Gehzeit. Vorbei an einem ersten Quelltopf,

Mit allen Sinnen | 53

Olho (»Auge«) genannt, erreichen Sie an einem Bach entlang die namengebende Quelle Fonte Benémola, wo Picknicktische zur Rast einladen. Wer mag, kann jetzt einen Abstecher zu zwei oberhalb gelegenen Fledermaushöhlen unternehmen, der allerdings eine zusätzliche Gehstunde in Anspruch nimmt und etwas mehr Trittsicherheit voraussetzt. So oder so laufen Sie von der Fonte Benémola auf der jenseitigen Seite des Baches wieder talabwärts, wo Sie der Werkstatt eines Korbflechters einen Besuch abstatten können, der die Weidenruten für seine Produkte gleich vor Ort erntet.
Sítio Classificado da Fonte Benémola
5 km westl. von Querença

WELLNESS

Casa Spa d'Alma　　　　　　D2

Um zum inneren Frieden zu finden, eignet sich diese ruhige Unterkunft in der Serra de Monchique in idealer Weise. Durch breite Glas-Schiebetüren schaut man von den hellen Zimmern in den Obstgarten oder in die Berge. Eine gemütliche Lounge steht allen Gästen zur Verfügung. Der Entspannung dienen ein fast chlorfreier, mit Quellwasser gefüllter Pool und ein wohlig warmes Strudelbad, das Sie auch abends unter dem Sternenhimmel genießen können. Manuela und Theo, das portugiesisch-niederländische Besitzerpaar, bietet Massagen, geführte Wanderungen durch die ländliche Umgebung und auf Wunsch – auf eigenen Erfahrungen basierend – sogar Lebensberatung. Außerdem verwöhnen sie ihre Gäste gern mit kreativer Küche, wobei Gemüse und Früchte vorwiegend aus eigenem, biologischem Anbau kommen. Wer mag, kann bei der Zubereitung assistieren und dabei einiges über die portugiesische Kochkunst erfahren.
Alferce, Alto do Baixo | Tel. 2 82 91 10 03 | www.spadalma.eu | 4 Zimmer | €€
9 km östl. von Monchique

Entschleunigung mit Blick auf die Serra de Monchique: Die Casa Spa d'Alma (▶ S. 53) lockt mit Komfort in abgeschiedener Lage.

Die Praia de Alemão bei Portimão (▶ S. 91) heißt übersetzt »Strand der Deutschen«.

DIE ALGARVE ERKUNDEN

FARO UND DIE SANDALGARVE

Das Tor zur Algarve ist für die meisten Besucher der Flughafen von Faro. Urlaubsfeeling kommt an den weiten, langen Sandstränden des Gebiets auf. Faro selbst, aber auch Tavira und Vila Real de Santo António laden zum gemütlichen Stadtbummel ein.

Auch wenn Faro die Hauptstadt ist und den einzigen internationalen Flughafen der Algarve besitzt, zeigt sich die Stadt ursprünglich. Die Einheimischen und die rund 8500 Studenten der Universidade do Algarve sind weitgehend unter sich. Eine schick herausgeputzte Altstadt und angrenzende Fußgängerzonen sind urbane Anziehungspunkte, die moderne Markthalle eignet sich zum Einkauf von Spezialitäten.

MAURISCHE EINFLÜSSE

Arbeitsam geht es im Nachbarort Olhão zu, vor allem am Vormittag, wenn Fisch-, Obst- und Gemüsehändler in den Zwillingsmarkthallen ihre Ware anbieten. Reizvoll zeigt sich Tavira ⭐, das während der maurischen Herrschaft und bis ins 16. Jh. hinein ein wichtiges Handelszentrum war. Ganze 37 Kirchen zeugen vom einstigen Einfluss.

◀ Mediterraner Frühling: Blühende Jacaranda-
bäume auf der Praça Ferreira in Faro (▶ S. 57).

Als Vorzeigestadt an der Grenze zu Spanien wurde Vila Real de Santo António nach dem Erdbeben von 1755 errichtet. Heute zieht es spanische Einkaufstouristen hierhin. Gleich nebenan herrschte im Mittelalter in Castro Marim 3 der Christusritterorden. Von der spanischen Grenze bis westlich von Faro zieht sich ein scheinbar endloser Sandstrand. Vor Tavira, Olhão und Faro liegt er auf flachen, durch schmale Kanäle vom Festland getrennten Badeinseln. Westlich von Faro bilden die Luxusresorts Vale do Lobo und Quinta do Lago zusammen mit Almancil das »goldene Dreieck«. Mit der Reserva Natural do Sapal und dem Parque Natural da Ria Formosa liegen zwei interessante Naturschutzgebiete mit einer reichen Wasservogelfauna an der Sandalgarve.

FARO   H 2
Stadtplan ▶ Klappe hinten
44 000 Einwohner

Faro ist die Hauptstadt der Algarve, sie liegt an der Südspitze Portugals. Vorgelagert ist ihr die unter Naturschutz stehende Lagunenlandschaft Ria Formosa. Auf dem Flughafen im Westen der Stadt, dem einzigen internationalen Airport der Region, landen fast alle Besucher aus dem Ausland. Kaum jemand quartiert sich jedoch in Faro ein, fast alle fahren gleich nach der Ankunft in die großen Urlaubsorte an der westlich gelegenen Felsalgarve weiter. Die Altstadt (»cidade velha«), umgeben von Resten der alten Stadtmauer, ist rund um die Kathedrale fein herausgeputzt. Nach dem großen Erdbeben von 1755 musste sie fast komplett neu errichtet werden. In den damals erbauten, vornehmen **Stadtpalästen** wohnt heute fast niemand mehr. Hier sind vorwiegend Büros und Kunstgalerien untergebracht. Einige Cafés laden zum Verweilen ein. Einkaufsstraßen befinden sich im neueren Stadtteil nördlich davon. Beim Jachthafen erstreckt sich die zentrale Parkanlage Jardim Manuel Bivar. Dort startet im Stundentakt das Touristenbähnchen Comboio Turístico de Faro zu Stadtrundfahrten (45 Min.; 2,75 €). Durch den Park gelangt man in die Fußgängerzone. Zentrale Achse ist dort die Rua de Santo António mit schicken Geschäften und Lokalen.

SEHENSWERTES
1 Arco de la Vila

Als Eingang zur »cidade velha« (Altstadt) diente früher wie heute das klassizistische Stadttor Arco da Vila. Die aktuelle Version stammt aus dem Jahre 1812. Über dem Tor wacht eine Statue des Stadtheiligen Thomas von Aquin.
Rua do Município 1

❷ Igreja do Carmo

Die Igreja da Ordem Terceira do Carmo, wie der vollständige Name lautet, diente einst den Karmelitern als Klosterkirche. Baubeginn war schon 1713, die Arbeiten zogen sich jedoch bis ins 19. Jh. hinein. Heute erstrahlt die Kirche in üppigem Barock, ihre reich verzierten Altäre sind fast komplett mit Gold überzogen. Sie gilt als eines der prächtigsten barocken Gotteshäuser Portugals. Die Capela dos Ossos (Knochenkapelle) im Klosterhof an der Rückseite wurde 1816 mit den Knochen verstorbener Mönche auf dem ehemaligen Friedhof erbaut.

Largo do Carmo | Mo–Fr 10–13 und 15–18, Sa 10–13 Uhr, So geschl. | Eintritt in die Kirche frei, Knochenkapelle 1 €

❸ Sé

Am von Orangenbäumen umrahmten Largo da Sé erhebt sich die Kathedrale von Faro. Der erste christliche Bau, auf römischen und maurischen Fundamenten errichtet, erfolgte im gotischen Stil (13. Jh.). Von diesem blieb jedoch nur der massive Glockenturm erhalten, den man heute besteigen kann. Von oben ergibt sich ein umfassender Blick auf die Stadt und die angrenzende, amphibische Landschaft Ria Formosa. Morbiden Charme verströmt die Capela dos Ossos (Knochenkapelle) im Kreuzgang. Kunstvoll mit Gold verzierte oder aufwendig bemalte Retabel (Altarrückwände) und blauweiße Fliesenbilder (»azulejos«) zieren das Innere der Kirche. Diese barocke Pracht gipfelt in der Seitenkapelle Nossa Senhora dos Prazeres, die in ihrer Art einmalig an der Algarve ist.

Im Obergeschoss zeigt das Kathedralenmuseum sakrale Kunst verschiedener Epochen.

Largo da Sé | Mo–Fr 10–18 (Winter bis 17), Sa 10–12.30 Uhr | Eintritt 3 €

> ### Orangenduft schnuppern
> ❶
> Im Kreuzgang der Sé kommen Sie unter Orangenbäumen zur Ruhe, können den Duft von Blättern, Früchten und Blüten erspüren (▶ S. 12).

MUSEEN UND GALERIEN

❹ Museu Municipal de Faro

Der Schwerpunkt des Stadtmuseums liegt auf der Archäologie, auf Funden aus der Römerzeit. Eine weitere Abteilung widmet sich großen Malern wie Rembrandt oder Gauguin, ebenso den bedeutenden portugiesischen Künstlern Domingos António de Sequeira (1768–1837) und Columbano Bordalo Pinheiro (1857–1929).

Praça D. Afonso III 14 | Tel. 2 89 87 08 29 | www.cm-faro.pt | Di–Fr 10–19 (Okt.–Mai bis 17, Juli, Aug. bis 20), Sa und So 14.30–22 Uhr | Eintritt 2 €

❺ Museu Regional do Algarve

Das ethnologische Museum befasst sich mit der Alltagskultur der Menschen in der Region. Die Exponate dokumentieren das Leben von Bauern, Fischern und Handwerkern im Verlauf der Jahrhunderte. Auch werden Alltagsgerätschaften, Gebrauchs- und Einrichtungsgegenstände sowie Gemälde ausgestellt, die das Leben an der Algarve bis ins 20. Jh. hinein zeigen.

Praça da Liberdade 2 | Tel. 2 89 87 08 93 | Mo–Fr 10–13.30 und 14.30–18 Uhr, Sa und So geschl. | Eintritt 2 €

ÜBERNACHTEN

6 Eva

Ideale Lage – Modernes Stadthotel mit gehobenem 4-Sterne-Standard, in dem vielfach auch Geschäftsleute absteigen. Das Haus ist zweifelsohne eine der besten Unterkünfte der Stadt. Einige Zimmer und Suiten verfügen über einen Balkon. An der Seite zum Jachthafen wohnt man ruhiger, aber auch um etwa 20 % teurer. Auf dem Dach verfügt das Hotel über einen schönen Panoramapool, Zugang zum Spa-Bereich gegen Gebühr.

Avenida da República 1 | Tel. 2 89 00 10 55 | www.tdhotels.pt | 134 Zimmer | €€€

7 Sol Algarve

Gutes Preis-Leistungs-Verhältnis – Das Hotel besitzt zwar nur zwei Sterne, bietet aber ausreichend Komfort und liegt recht zentral. Es verfügt über Einzel- bis Vierbettzimmer, einige haben einen Balkon. Garage für Gäste vorhanden, kleine Cafeteria angeschlossen.

Rua Infante Dom Henrique 52 | Tel. 2 89 89 57 00 | www.hotelsolalgarve.com | 38 Zimmer | €€

ESSEN UND TRINKEN

RESTAURANTS

8 Adega Nova

Urig – Dank seines Weinkellerambientes wirkt das Lokal sehr gemütlich und ist meist gut besucht. Die deftige einheimische Küche variiert mit den Jahreszeiten. Vieles kommt heiß und knusprig vom Grill auf den Teller, etwa

Schaurig-schön: Die Knochenkapelle im Klosterhof der Igreja Do Carmo (▶ S. 58). Die Gebeine stammen von verstorbenen Mönchen.

die Lammkoteletts oder der Bauchspeck (»entremeada«).
Rua Francisco Barreto 24 | Tel. 2 89 81 34 33 | www.restauranteadeganova.com | tgl. 11.30–23 Uhr | €€

9 Faz Gostos
Gepflegt – Das in der Nähe der Kathedrale gelegene Restaurant wandelt die klassische portugiesische Küche auf kreative Weise ab. So wird Entenbrust mit Feigen und Weinbeeren garniert, Langusten kommen mit einer ungewöhnlichen Mangosauce auf den Tisch. Die Weinauswahl ist von beachtlicher Vielfalt. Recht günstig ist das Mittagsmenü, hingegen wird es abends deutlich teurer.
Rua do Castelo 13 | Tel. 2 89 87 84 22 | www.fazgostos.com | Mo–Fr 12–15, 19–23, Sa 19–23 Uhr | €€

Fim do Mundo
▶ Klappe hinten, nordöstl. c 1

Solide – Das familiär geführte Restaurant besticht mit portugiesischer Hausmannskost, was die vielen einheimischen Gäste zu schätzen wissen. Tintenfisch, Hühnchen und frischer Fisch stehen auf der Speisekarte, alles ohne viel Schnickschnack, aber korrekt zubereitet. Dazu kommt günstiger Hauswein aus dem Alentejo in der Karaffe auf den Tisch.
Rua Vasco da Gama 53 | Tel. 2 89 82 62 99 | Mo geschl. | €

10 O Gimbras
Landestypisch – Sicher eines der herausragenden Esslokale von Faro, auch dank des erfahrenen Teams. Traditionelle Gerichte der Algarve, etwa Tintenfisch mit Ingwer oder Krabben-

Der von Orangenbäumen bewachsene Largo da Sé (▶ S. 58) strahlt eine beruhigende Wirkung aus. Besucher können den Turm der Kathedrale besteigen.

curry, werden in etwas nüchternem Ambiente serviert, das aber durch die gute Küche mehr als wettgemacht wird.
Rua General Teófilo da Trinidade 3 | Tel. 2 89 82 70 89 | www.ogimbras.pt | Mo–Sa 12.30–23.30 Uhr | €€

EINKAUFEN
MÄRKTE
11 Mercado Municipal de Faro
Im Erdgeschoss der modernen Markthalle reihen sich Stände mit einer farbenfrohen Auswahl an Obst, Gemüse, Gewürzen und Trockenfrüchten. Viele Produkte stammen aus der Region. Dazwischen Käsespezialitäten, Honig und Marmeladen. Eine Abteilung ist für die Fischverkäufer reserviert, in einer anderen Ecke verkaufen Fleischer die typischen Wurstwaren der Algarve. Während einer Einkaufspause kann man sich in Bars und Cafés erholen. Im Untergeschoss befindet sich zusätzlich ein Supermarkt.
Largo Doutor Francisco Sá Carneiro s/n | www.mercadomunicipaldefaro.pt | Mo–Fr 8.30–19, Sa 9–13 Uhr

KULTUR UND UNTERHALTUNG
12 Club Farense
Der Traditions-Kulturverein von 1863 veranstaltet am Wochenende in einem alten Stadtpalast anspruchsvolle Konzerte, wobei das Repertoire von portugiesischer Volksmusik über Klassik bis hin zu Jazz und Pop reicht. Auch Theater, Filmvorführungen und Dichterlesungen stehen manchmal auf dem Programm. Beginn ist am Samstag meist um 22 Uhr, am Sonntag auch schon einmal um 18 Uhr.
Rua de Santo António 30 | Tel. 2 89 82 23 24

SERVICE
AUSKUNFT
Posto de Turismo
Rua da Misericórdia 8–11 | Tel. 2 89 00 10 00 | www.cm-faro.pt

Wollen Sie's wagen?

Segways liegen im Trend. Etwas abenteuerlich wirken die zweirädrigen Flitzer schon. Keine Sorge, ein kompetenter Guide führt in die Fahrtechnik ein. Nach zehn Minuten haben Sie den Bogen raus. Nun können Sie entweder eine »normale« kulturelle Tour durch Faro buchen. Oder Sie entscheiden sich für die anspruchsvollere Variante, die über Stock und Stein durch die Dünen in der Lagunenlandschaft vor Faro führt. Unterwegs besichtigen Sie Salinen und bekommen Flora und Vogelwelt erklärt.
Faro, Jardim Manuel Bívar s/n | Tel. 9 62 00 61 53 | www.algarveby segway.com | Juni–Sept., sonst nur telefonisch | Kultur-Tour (1 Std.) 35 €, Birdwatching-Tour (1,5 Std.) 40 €, Mindestteilnehmerzahl 2 Pers.

Ziele in der Umgebung
ALMANCIL G 3
10 700 Einwohner

Gemeinsam mit den Nobelferienorten Vale do Lobo und Quinta do Lago bildet die Stadt das viel zitierte »goldene Dreieck«. Dennoch ist das abseits von der Küste gelegene Almancil vom Tourismus erstaunlich unberührt geblieben. Der Ort dient eher der Versorgung der zahlreichen Deutschen und

Briten, die sich in der Umgebung niedergelassen haben.

11 km nordwestl. von Faro

Barocke Pracht

Im 18. Jh. kleidete man die Innenwände der Igreja do São Lourenço de Matos von oben bis unten mit blau-weißen »azulejos« aus, dazu kontrastieren vergoldete Altäre. Lassen Sie dieses Bild genüsslich auf sich wirken (▶ S. 12).

ÜBERNACHTEN

Quinta dos Rochas ▶ S. 25

ESSEN UND TRINKEN

Alambique

Exzellent – Service und Ambiente des »Steakhauses« genügen gehobenen Ansprüchen, die Atmosphäre ist fast schon mondän. Auf den Tisch kommen nur Rindfleisch und frischer Fisch bester Qualität, die Speisen werden aufs Sorgfältigste dekoriert. Für einen besonderen Anlass genau das Richtige.

Estrada Quinta do Lago – Vale do Lobo s/n | Tel. 2 89 39 45 79 | So geschl. | €€€

Mr. Freddie's

Modern – Hier wird einheimische Küche mit internationaler Note serviert. Romantiker werden die von viel Grün umgebene Gartenterrasse lieben, der ein schöner Brunnen idyllisches Flair verleiht. Der Speiseraum innen steht, was die Dekoration betrifft, ganz im Zeichen der Weinkultur.

Estrada Quinta do Lago – Vale do Lobo s/n | Tel. 2 89 39 36 51 | www.mr freddies.net | Mo–Sa 18–23 Uhr | €€€

SERVICE

AUSKUNFT
Posto de Turismo
Rua José dos Santos Vaquinhas s/n, Lote 53, R/C Loja B | Tel. 2 89 40 08 60 | turismo.almancil@cm-loule.pt

ESTÓI
3600 Einwohner

Das verschlafen wirkende Dorf liegt am Rande der hügeligen Serra de Monte Figo, in einem Gebiet, für das sich schon die Römer wegen seiner Fruchtbarkeit und des Wasserreichtums interessierten. Heute werden ringsum Gemüse, Mandeln und Feigen angebaut. Vom Tourismus blieb Estói weitgehend unberührt.

8 km nördl. von Faro

SEHENSWERTES

Jardins do Palácio de Estói

Der fantastische, im Stil von Versailles geometrisch angelegte Garten des Rokokopalasts, der heute ein Luxushotel beherbergt (s. u.), sucht seinesgleichen an der Algarve. Gemeinsam mit dem Palast steht er unter Denkmalschutz. Auf Anfrage an der Rezeption ist der Garten auch Besuchern zugänglich, die nicht im Hotel wohnen. Zwischen Palmen und Orangenbäumchen erstrecken sich farbenfrohe Blumenbeete. Zierende Elemente sind Marmorbüsten, »azulejos« und Brunnen.

Rua de São José s/n | Eintritt frei

Ruínas Romanas Milreu

Das wohl beeindruckendste römische Ruinenfeld der Algarve liegt am Südrand von Estói. An dieser Stelle befand sich mindestens seit dem 1. Jh. eine »villa rustica«, also ein Landgut, das

Almancil – Estói | 63

Eine barocke Gartenanlage erfreut die Besucher der »Pousada« in Estói (▶ S. 63). Die Luxushotels waren lange in staatlichem Besitz, nun gehören sie zu einer privaten Kette.

Truppen und Zivilbevölkerung mit den hier erzeugten Lebensmitteln versorgte. Im 2./3. Jh. wurde es luxuriös ausgebaut. Aus dieser Zeit sind noch Marmorfußböden, **Mosaike** (viele mit der Darstellung von Fischen) und eine Thermenanlage mit Nischen für Salbungen und Massagen erhalten. Gegenüber steht ein Tempel mit sechseckigem Wasserbecken (4. Jh.), der vermutlich für einen Nymphenkult bestimmt war. Ab dem 6. Jh. diente er als Kirche. Im 11. Jh. wurde das Landgut dann verlassen. Erst Jahrhunderte später entstand hier wieder ein Bauernhof, der heute als Besucherzentrum mit Ausstellung fungiert.

Coiro da Burra | Mai–Sept. Di–So 9.30–13, 14–18.30, Okt.–April 9–13, 14–17.30 Uhr | Eintritt 2 €

ÜBERNACHTEN

Pousada de Faro, Palácio de Estói

Märchenhafter Palast – Das Hotel im renovierten Rokokopalast der ehemaligen Grafen von Estói bietet stilvollen Komfort und einen fantastischen Garten (s. o.). Die Zimmer im Obergeschoss haben Balkone und sind etwas größer. Exzellentes Restaurant mit tra-

ditioneller, aber modern interpretierter Küche. Großer Wellnessbereich und Swimmingpool.
Rua de São José s/n | Tel. 2 10 40 76 20 | www.pousadas.pt | 63 Zimmer | €€€€

◎ LOULÉ 🚩 G 3
27 000 Einwohner

Besuchermagnet in Loulé ist die berühmte Markthalle ⭐. Im Anschluss an das Einkaufsvergnügen bietet sich ein Spaziergang durch die angrenzende, sorgfältig restaurierte Altstadt an, die seit der Maurenzeit bewohnte **Medina**. Deren stille Gassen sind für Autos eigentlich viel zu schmal, daher ist dieser Stadtteil vorwiegend Fußgängern vorbehalten. Bis vor wenigen Jahren lebten und arbeiteten hier noch zahlreiche Handwerker: Kupferschmiede, Korbflechter, Ledermacher und Holzschnitzer. Industrieprodukte verdrängten inzwischen ihre Erzeugnisse. Die ehemaligen Werkstätten beherbergen heute Kunstgalerien, kleine Restaurants und Bars sowie städtische Büros.

16 km nordwestl. von Faro

SEHENSWERTES
Castelo de Loulé
Die Dimensionen der nur teilweise erhaltenen, einstmals maurischen Burg zeugen von der Bedeutung, die Loulé seinerzeit schon als zentraler Marktort hatte. Nach der Reconquista im 13. Jh. übernahm der Ritterorden von Santiago die Macht über Burg und Stadt und nutzte das Castelo weiter. Im 17. Jh. verlor es allerdings seine strategische Funktion, verfiel und wurde durch das Erdbeben 1755 endgültig

Die Markthalle von Loulé (▶ MERIAN TopTen, S. 66) ist mit ihrer charakteristischen Architektur zu einem Wahrzeichen der Algarve aufgestiegen. Im Inneren locken regionale Produkte.

zerstört. Nach einer Teilrestaurierung im 20. Jh. beherbergt es heute ein kleines archäologisches Museum. Seine Schokoladenseite zeigt es allerdings von außen, wo auf der Westseite klobige Türme und zinnenbewehrte Mauern aufragen.
Alcaidaria do Castelo s/n | Mo–Fr 9–17.30, Sa 10–14 Uhr | Eintritt 1,60 €

Fonte das Bicas Velhas
Der imposante Brunnen von 1837 neben der Burg stellte mit seinen vier Wasserhähnen früher die Wasserversorgung der Altstadtbewohner sicher. Selbst in Zeiten großer Dürre versiegt er fast nie.
Rua das Bicas Velhas s/n

Igreja Matriz de São Clemente
In der Hauptkirche aus dem 13. Jh. gibt es »azulejos«, Renaissancealtäre und reich verzierte Säulenkapitelle zu bewundern. Außen fällt der kantige Turm ins Auge, wohl ehemals das Minarett einer Moschee (10./11. Jh.). Nach der Besichtigung lädt gleich gegenüber der kleine, gepflegte Stadtpark Jardim dos Amuados zu einer Verschnaufpause ein.
Largo Batalhão Sapadores Caminhos de Ferro | tgl. geöffnet

ÜBERNACHTEN
Loulé Coreto Hostel ⚑
Trend-Unterkunft – 2014 eröffnete dieses komfortable Hostel in einem renovierten Stadthaus. Einzelreisende können Betten im »dorm« (Mehrbettzimmer) buchen. Für Paare und Familien gibt es Doppel-, Drei- und Vierbettzimmer. Auf dem Frühstücksbuffet stehen hausgemachte Kuchen und Marmeladen. Küchenbenutzung, Sofalounge auf der Dachterrasse.
Avenida José da Costa Mealha 68 | Tel. 2 89 41 10 63 | www.loulecoretohostel.com | 9 Zimmer | €

ESSEN UND TRINKEN
RESTAURANTS
Avenida Velha
Klassiker – Die Einrichtung entspricht nicht mehr ganz der aktuellen Mode, verströmt dafür altes portugiesisches Flair. Viele einheimische Gäste wissen das zu schätzen. Typisch ist die Aufteilung in eine Bar zu ebener Erde und einen Speiseraum im Obergeschoss. Die traditionelle Küche hat sich auf »cataplanas« spezialisiert.
Avenida José da Costa Mealha 40 | Tel. 2 89 41 64 74 | So geschl. | €€

Museu do Lagar
Altstadtlokal – Gegenüber der Hauptkirche gelegen, rustikales Ambiente. Bei schönem Wetter sitzt man auf dem verkehrsberuhigten Platz. Nette Auswahl an Fleisch- und Fischgerichten, etwa »carne de porto alentejana« (Schweinefleisch mit Muscheln) oder Kaninchen in Rotweinsauce.
Largo Batalhão Sapadores Caminhos de Ferro 8 | Tel. 2 89 42 27 18 | Mo–Sa 12–15, 19–23 Uhr | €€€

CAFÉS
Amendoal
Seit 1976 ist die Konditorei neben der Markthalle versiert in der Herstellung verschiedenster Kuchen und Pralinen. Gern werden Nüsse mit Schokolade oder auch Feigen mit Mandeln kombiniert. Zu Früchten geformtes buntes Marzipan ist ein Verkaufsschlager. Kaf-

fee wird dazu am Tisch serviert oder an der Theke genossen.
Largo de Gago Coutinho 22 | Tel. 2 89 46 25 03 | www.pastelariaamendoal.pt | Mo–Fr 7–19, Sa 7–14 Uhr

EINKAUFEN
MÄRKTE
 **Mercado de Loulé**
In der 1908 im neomaurischen Stil errichteten, mit Zwiebeltürmen, Hufeisenbögen und Arabesken verzierten Markthalle wird seither kräftig gehandelt. Alles, was die Algarve und der angrenzende Alentejo zu bieten haben, ist hier zu finden: exotische Obst- und Gemüsesorten, pikante Pfefferschoten, Honig und Marmeladen, Wurstwaren, Käse und Oliven in den unterschiedlichsten Geschmacksrichtungen.
🕐 Am lebhaftesten geht es in Loulé am Samstag zu, wenn rund um die Markthalle Bauern aus der Umgebung ihre Stände aufbauen.
Praça da República s/n | Mo–Sa 7–15 Uhr

SERVICE
AUSKUNFT
www.cm-loule.pt

◎ MONCARAPACHO ▰ J3
7700 Einwohner

Das landeinwärts gelegene Städtchen war bereits vor der Ankunft der Römer im 2. Jh. besiedelt. Der reizvolle Ortskern steht als Gesamtensemble unter Denkmalschutz.
16 km nordöstl. von Faro

EINKAUFEN
KULINARISCHES
Monterosa ▸ S. 39

◎ OLHÃO
14 900 Einwohner

Weiße, würfelförmige Häuser prägen die Fischerstadt. Nach Portimão befindet sich hier der wichtigste Fischereihafen der Algarve. Das Ambiente ist noch sehr ursprünglich, dabei wurde Olhão erst im 18. Jh. gegründet. Besucher kommen nicht hierher, um Urlaub zu machen, sondern um das spezielle Flair zu genießen und in einem der vielen renommierten Fischlokale einzukehren, die sich vor allem an der Uferstraße Avenida 5 de Outubro aneinanderreihen.
8 km östl. von Faro

SEHENSWERTES
Quinta de Marim
Die Quinta de Marim bildet das 60 ha große Einfallstor zum Naturpark Ria Formosa. Das nur einen Steinwurf östlich von Olhão gelegene Besucherzentrum bietet Besuchern im Rezeptionsgebäude Pläne des Areals. Eine Dauerausstellung weist in die Besonderheiten der Natur ein. Anschließend gestattet ein 4 km langer Lehrpfad erste Kontakte zu Flora und Fauna, ehe an einem Strandsee Stände zur Vogelbeobachtung einladen.
Olhão, Quelfes | Tel. 2 89 79 41 34 | www.icnf.pt | Mo–Fr 8–20 Uhr, Sa, So 10–20 Uhr | Eintritt frei

ESSEN UND TRINKEN
Grupo Naval
Große Fischauswahl – Das Restaurant der Fischergenossenschaft wirkt von außen unscheinbar. Doch Fisch und Meeresfrüchte werden hier exzellent und auf typische Weise zubereitet: schlicht und einfach gegrillt, als »cata-

plana« (in der Kupferpfanne) oder als »caldeirada« (Fischeintopf). Mit Barbetrieb fürs Frühstück.
Avenida 5 de Outubro | Tel. 2 89 70 60 60 | www.restaurantegno.pt | tgl. 7.30–2 Uhr | €

Vai e Volta
Gegrilltes aus dem Meer – In dem einfachen, eng bestuhlten Lokal sind die Portionen riesig und die Zutaten stets superfrisch. Hier wird also schnörkellose, bewährte Fischküche zelebriert. Als Beilagen kommen Oliven, Pellkartoffeln, Tomatensalat und ein Brotbrei nach Art des Alentejo auf den Tisch. Östlich der Pfarrkirche von Olhão.
Largo de Grémio 2 | Tel. 9 68 02 75 25 | Di–So 12–15 Uhr | €

EINKAUFEN
ANGELBEDARF
Cobre
Das Geschäft für Angelgerät und andere nautische Ausrüstungen führt auch eine reiche Auswahl an kupfernem Kochgeschirr. Natürlich die unvermeidliche »cataplana« in allen Größen, aber auch Töpfe oder Wasserkessel.
Avenida 5 de Outubro 84

MÄRKTE
Mercados Municipais
Die Zwillingsmarkthallen am Hafen wurden im maurischen Stil mit verspielten Zwiebeltürmen errichtet. Eine ist komplett für den frischen Fang der Fischer des Ortes reserviert, in der anderen werden Obst und Gemüse feilgeboten. Mit Sicherheit einer der interessantesten Märkte der Algarve!
Avenida 5 de Outubro s/n | Mo–Fr 7–14, Sa 6.30–15 Uhr

SERVICE
AUSKUNFT
Posto de Turismo
Largo Sebastião Martins Mestre 6A | Tel. 2 89 71 39 36 | turismo.olhao@turismodoalgarve.pt.

QUINTA DO LAGO
7600 Einwohner
Der sehr exklusive Ferienort besteht vorwiegend aus Villen und Bungalows mit weitläufigen Gartenanlagen. Die betuchten Urlauber, unter ihnen etliche Prominente, von denen nicht wenige hier einen Zweitwohnsitz unterhalten, finden mehrere Golfplätze, ein Reitzentrum und zahlreiche Tennisplätze vor. Ähnlich sieht es im benachbarten Vale do Lobo aus, beide Siedlungen gehen praktisch nahtlos ineinander über. Vorgelagert sind **kilometerlange Sandstrände**, angefangen mit der ruhigen Praia do Trafal ganz im Westen über die Praia do Vale do Lobo, hinter der sich Dünen erstrecken, bis zur Praia do Ancião, die im Osten zu den Stränden des Naturparks Ria Formosa überleitet.
10 km nordwestl. von Faro

ÜBERNACHTEN
Conrad Algarve
Gediegener Luxus – Das Hotel ist eines der komfortabelsten der gesamten Algarve. Dennoch gibt es in der Nebensaison recht günstige Angebote. Die hellen Zimmer (alle mit Balkon), sind zeitgemäß ausgestattet. Fünf Restaurants sorgen für das leibliche Wohl der Gäste. Sterneniveau bietet das Gourmetlokal »Gusto by Heinz Beck«.
Estrada da Quinta do Lago s/n | Tel. 2 89 35 07 00 | www.conradalgarve.com | 154 Zimmer | €€€€

SERVICE

AUSKUNFT
Posto de Turismo
Quarteira | Praça do Mar s/n | Tel. 2 89 38 92 09 | turismo.quarteira@turismodoalgarve.pt

◎ SÃO BRÁS DE ALPORTEL H 3
10 700 Einwohner

Am Rande der Berge liegt dieses Zentrum der Korkverarbeitung. Immergrüne Korkeichenwälder umgeben den Ort, aber auch Johannisbrot, Mandeln, Feigen und Oliven gedeihen hier. Diese Mischung macht die Landschaft besonders attraktiv. Auch wird São Brás de Alportel ein Heilklima nachgesagt.
15 km nördl. von Faro

MUSEEN UND GALERIEN
Museu do Trajo
In einem ehemaligen Gutshaus zeigt das Museum Trachten, Arbeitsgerät und Alltagsgegenstände aus der Vergangenheit. Kutschen und Sattelzeug sind in den einstigen Ställen zu sehen.
Rua Dr. José Dias Sancho 61 | www.museu-sbras.com | Mo–Fr 10–13, 14–17, Sa und So 14–17 Uhr | Eintritt 2 €

ESSEN UND TRINKEN
Lagar Mesquita
Alte Ölmühle – In einem »lagar«, wo früher Olivenöl gepresst wurde, logiert das jüngst eröffnete Lokal, das rustikales Ambiente gekonnt mit neuer portugiesischer Küche verbindet. Es fungiert nicht nur als Restaurant, sondern auch als Bar und Antiquitätenladen. Wunderbar möbliert mit pfiffigem Korb- und Holzgestühl.
Fonte da Mesquita, Mesquita Baixa 315 | Tel. 2 89 84 58 09 | €€€

Sabores do Campo
Maurische Note – Gemütliches Grillrestaurant, das auf Lamm und schwarzes Schwein spezialisiert ist. Die Zubereitung ist landestypisch mit kreativer Note. Große Auswahl an Weinen. Lockeres Ambiente, gelegentlich treten Fado-Sänger auf.
Poço dos Ferreiros | Tel. 2 89 84 93 46 | Di–Fr 12.30–15, 19.30–1, Sa 19.30–1 Uhr, So und Mo geschl. | €€

EINKAUFEN

KORKPRODUKTE
Corkfashion
Der weltweit agierende Hersteller von Accessoires aus Kork betreibt hier einen Showroom mit Verkauf von Taschen, Geldbörsen oder Handschuhen.
Rua Padre Sena Neto 48 | www.pelcor.pt

SERVICE

AUSKUNFT
Posto de Turismo
Largo de S. Sebastião 23 | Tel. 2 89 84 31 65 | turismo.saobras@turismodoalgarve.pt

TAVIRA K 3
Stadtplan ▶ S. 69
15 000 Einwohner

Die Stadt am Rio Gilão hat Flair und Atmosphäre. Ihre 37 Kirchen und sechs ehemaligen Klöster sind Zeugen der einstigen Bedeutung als **Handelszentrum**. Der malerischste Teil Taviras liegt südlich des Flusses. Enge Treppengassen durchziehen den niedrigen Stadthügel um die Burgruine. Südwestlich davon erstreckt sich das ehemalige Maurenviertel, in dem nach der christlichen Rückeroberung die verbliebenen

Quinta do Lago – Tavira | 69

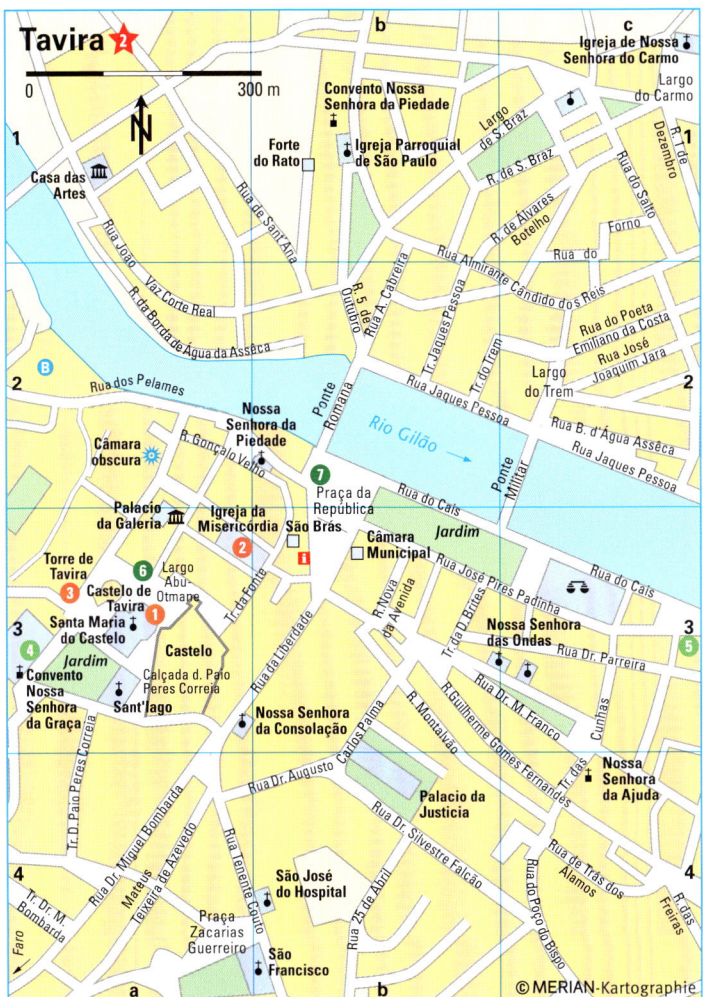

Araber lebten. Beliebter Treffpunkt ist die Praça da Republica mit einigen Straßencafés. Vom Platz führen die sieben imposanten Bögen der viel fotografierten Ponte Romana über den Fluss. Auch wenn der Name etwas anderes vermuten lässt: Die Brücke stammt aus dem 17. Jh. und wurde 1870 komplett erneuert.

🌅 Die untergehende Sonne taucht das Wasser des Rio Gilão und die Häuserzeile am Fluss in ein rot glühendes Licht.

SEHENSWERTES

1 Castelo de Tavira

Die ehemals maurische Burg von Tavira ist zum größten Teil verfallen. Dennoch lohnt der Aufstieg zum Burghügel, denn von oben bieten sich ein schöner Blick auf die Stadt. Der Burghof wurde mit zahlreichen tropischen und subtropischen Gewächsen in einen exotischen kleinen Park verwandelt. Ebenfalls auf dem Hügel erhebt sich die Igreja Santa Maria do Castelo. Sie wurde, wie so oft an der Algarve, auf den Grundmauern einer ehemaligen Moschee errichtet. Das einstige Minarett ist heute der Kirchturm. Auffallend die Turmuhr mit einem ungewöhnlich großen Zifferblatt, das auch von Weitem noch gut zu erkennen ist. Ganz in der Nähe steht die Igreja de Santiago mit ihrer verschachtelten, verspielt wirkenden Architektur.

– Castelo de Tavira: tgl. 9–17 Uhr | Eintritt frei
– Igreja Santa Maria do Castelo: nur sonntags zur Messe geöffnet
– Igreja de Santiago: tgl. 9–12 und 13.30–17 Uhr

2 Igreja da Misericórdia

Herausragend unter den Gotteshäusern der Stadt ist diese zentral gelegene Renaissancekirche (1541–1551). Das Hauptportal wurde nach italienischem Vorbild gestaltet. Zentral darüber steht eine Skulptur der Mutter der Barmherzigkeit (»misericórdia«), flankiert von Figuren der Heiligen Peter und Paul. Auf blau-weißen »azulejos« im Inneren ist das Leben Jesu dargestellt. Die Kirche liegt eine Häuserzeile westlich der Praça da República (Zugang durch das Stadttor D. Manuel).

Largo da Misericórdia s/n | Di–Sa 9.30–12.30 und 14–17 Uhr

3 Torre de Tavira

Auf dem ehemaligen Wasserturm befindet sich eine Camera obscura. Sie überträgt das Geschehen auf den Plätzen und Straßen der Stadt auf Panoramawände. Erläuterungen dazu gibt es live, auch auf Englisch oder Deutsch.

Calçada da Galeria 12 | Mo–Fr 10–17 Uhr | Eintritt 3,50 €

ÜBERNACHTEN

Ozadi Tavira Hotel

▶ S. 69, nordöstl., c 1

Serviceorientiert – Das im Juni 2014 eröffnete Familienhotel punktet mit geschmackvoller, moderner Einrichtung und professioneller Leitung. Es gibt Zimmer und Suiten. Man blickt in den Garten mit Pools oder auf Felder, Salinen und bis zur Lagunenlandschaft Ria Formosa. Zwei Restaurants pflegen die mediterrane Küche.

Quinta das Oliveiras | Tel. 2 81 32 43 24 | www.ozaditavirahotel.com | 77 Zimmer | €€

4 Pousada de Tavira ▶ S. 24
Quinta do Caracol ▶ S. 25

5 Residencial Marés

Familiäres Ambiente – Pension in zentraler Lage am Flussufer in einem alten Stadthaus. Die Zimmer sind einfach, aber sauber und bieten alles wirklich Notwendige. Das Haus verfügt über eine Sauna. Im Erdgeschoss befindet sich ein traditionelles Restaurant.

Rua José Pires Padinha 134/140 | Tel. 2 81 32 58 15 | www.residencialmares.com | 24 Zimmer | €€

Die römische Brücke (▶ S. 69) gehört zu den meistfotografierten Wahrzeichen von Tavira (▶ MERIAN TopTen, S. 68). Der Name allerdings führt in die Irre: Die Brücke stammt aus dem 17. Jh.

ESSEN UND TRINKEN
RESTAURANTS

Três Palmeiras ▶ S. 69, östl, c1

Frisch und preisgünstig – Einige Faktoren mögen gegen dieses Restaurant sprechen: die Lage an der Ausfallstraße beim Fußballstadion, die Speisekarte (es gibt keine) oder auch die Dekoration (Plastiktische mit Papiertischdecke). Dennoch erfreut es sich großer Beliebtheit. Jedermann bestellt hier »mista de peixe« (gemischter gegrillter Fisch) und kann wählen, ob es dazu nur Brot oder auch Kartoffeln und Salat geben soll. Solide, ehrlich, frisch, freundlich und preisgünstig, das alles spricht für das Lokal.

Rua Almirante Cândido Reis s/n | Tel. 2 81 32 58 40 | So geschl., im Winter nur mittags geöffnet | €

❻ A Ver Tavira

Schöne Aussicht – Der Küchenchef interpretiert die portugiesische Küche auf kreative Weise, das Ambiente zieht ein schickes Publikum an. Von der Terrasse neben der Burg bietet sich ein wunderbarer Blick auf Tavira. Mittags werden günstige Menüs angeboten. Abends ist es etwas teurer, das

Dinner wird oftmals von Livemusik begleitet.
Calçada da Galeria 13 | Tel. 2 81 38 13 63 | tgl. 12–15 und 19–22.30 Uhr | €€

CAFÉS
❼ Pastelaria Tavira Romana
Hier kommt jeder früher oder später vorbei. Die Tische vor dem Haus mit Blick auf die mittelalterlichen Arkaden des Rathauses und auf den Stadtpark sind besonders begehrt. Riesige Kuchenauswahl.
Praça da República 24 | Tel. 2 81 32 56 08 | tgl.

SERVICE
AUSKUNFT
Posto de Turismo
Praça da República 5 | Tel. 2 81 32 25 11 | www.cm-tavira.pt

Ziele in der Umgebung

◎ AYAMONTE L 3
19 700 Einwohner

Ein nostalgisches Fährschiff verbindet nach wie vor Vila Real de Santo António mit der spanischen Nachbarstadt Ayamonte, obwohl längst eine moderne Autobahnbrücke den hier bei der Mündung recht breiten Rio Guadiana überspannt. So wird die Fähre, auch wenn sie ein paar Autos transportieren kann, heute fast nur noch von Fußgängern und Radfahrern genutzt. Je nach Jahreszeit verkehrt sie tagsüber alle 30 bis 60 Minuten. Nach der 15-minütigen Überfahrt warten in Ayamonte zahlreiche Restaurants und Geschäfte auf Besucher. Die Altstadt La Villa präsentiert sich gepflegt mit ehrwürdigen Palästen und Kirchen. Zwischen Alt- und Neustadt liegen in Hafennähe die Palmenallee Paseo de la Ribera und die mit Brunnen, Laternen und Bäumen geschmückte und von einigen Straßencafés gesäumte Plaza de la Laguna.
40 km nordöstl. von Tavira

ESSEN UND TRINKEN
Casa Luciano
Traditionslokal – Seit 1965 befindet sich das Restaurant in Familienbesitz. Der feine Speiseraum findet seine Ergänzung in einer legeren Tapas-Bar. Geboten wird hier wie dort klassische andalusische Küche mit einer guten Auswahl an Meeresfrüchten.
Calle La Palma 1 | Tel. 0 03 49 59 47 10 71 | Mo–Sa 13–16.30 und 20–24 Uhr | €€€

SERVICE
AUSKUNFT
Oficina de Turismo
Calle Huelva 37 | Tel. 0 03 49 59 32 07 37 | www.ayto-ayamonte.es

◎ CABANAS  K 3
1100 Einwohner

In Cabanas gibt es zwar immer noch Fischer, doch der Ort ist recht touristisch geworden. Vorgelagert erstreckt sich eine Sandbank mit der 8 km langen, von hohen Dünen gesäumten Praia de Cabanas, zu der in der Sommersaison Boote übersetzen.
4 km östl. von Tavira

ESSEN UND TRINKEN
Mariscos e Petiscos ▶ S. 29

◎ CASTRO MARIM   L 3
3200 Einwohner

Der Ort entstand rund um eine Burg, die der Orden der Christusritter 1319, kurz nach der Reconquista, zu sei-

Eine Burg thront hoch über dem Städtchen Castro Marim (▶ MERIAN TopTen, S. 72). Weiß getünchte Häuser und üppige mediterrane Vegetation runden das Gesamtensemble ab.

nem Hauptsitz erkor. Diesen verlegte er allerdings schon 1356 nach Tomar in Mittelportugal. Trotz der strategisch günstigen Lage nahe der spanischen Grenze konnte Castro Marim später nie wieder an seine einstige Bedeutung anknüpfen, auch wenn im 17. Jh. eine weitere, modernere und größere Festung auf einem Nachbarhügel entstand, das Castelo de São Sebastião. Heute weht ein Hauch von Nostalgie durch die kleine, zwischen den beiden Burgen eingeklemmte Stadt, in der das Mittelalter noch präsent scheint.

35 km nordöstl. von Tavira

SEHENSWERTES

Castelo de Castro Marim

Vom Hauptplatz führt ein Treppenweg zum Eingang der wuchtigen Verteidigungsanlage. Wie archäologische Ausgrabungen zeigen, war der Burghügel schon gegen Ende der Bronzezeit besiedelt. Später ließen sich hier Römer, Vandalen und Mauren nieder. In christlicher Zeit entstand die Burg in ihrer heutigen Form. Hinter dem Kassenhaus trifft man auf die Burgkapelle, die Igreja da Misericórdia. Über die begehbaren Wehrgänge oder vorbei an ehemaligen Wohn- und

Wirtschaftsgebäuden gelangt man zum Castelo Velho im oberen Teil der Anlage, das – mit quadratischem Grundriss – eine Burg in der Burg bildet. Es wurde als ältester Teil der heutigen Anlage ab dem Jahr 1238 errichtet. Von seiner Außenmauer ergibt sich ein weiter Blick über die Mündungsebene des Rio Guadiana.

Travessa do Castelo s/n | Mai–Sept. tgl. 9–19, Okt.–April tgl. 9–17 Uhr | Eintritt 1 €

Reserva Natural do Sapal de Castro Marim

Im Osten und Süden ist Castro Marim von Marschland und Sümpfen umgeben, die zum Rio Guadiana überleiten. Auch **Salinenbecken** liegen in diesem Gebiet, die bis heute teilweise zur handwerklichen Salzgewinnung genutzt werden. Der gesamte Bereich wurde als Naturreservat unter Schutz gestellt. In dieser amphibischen Landschaft finden zahlreiche Wasservögel Nahrung und Brutplätze. Rosaflamingos, Weißstörche und verschiedene Reiherarten sind ganzjährig zu beobachten. Hinzu kommen je nach Jahreszeit etliche Zugvögel. Das »centro de interpretação« (Besucherzentrum) bietet Informationen und eine Ausstellung. Die Anfahrt dorthin erfolgt ab Castro Marim nach Norden Richtung Monte Francisco und dann, rechts der Beschilderung folgend, auf einer relativ guten Piste. Beim Parkplatz vor dem Gebäude lädt ein Picknickplatz zur Rast ein, wo man unter einer Pergola im Schatten sitzen kann. Dort beginnt ein 500 m langer Rundweg über einen Hügel, von dem gute Beobachtungsmöglichkeiten bestehen.

Ein kleines Abenteuer: Wer auf die Ilha de Tavira (▶ S. 75) gelangen möchte, muss sich über eine Pontonbrücke trauen. Die vorgelagerte Insel ist autofrei.

Centro de Interpretação: Sapal de Venta Moinhos | Tel. 2 81 51 06 80 | www.icnf.pt | Mo–Fr 9–12.30, 14–17.30 Uhr
3 km nördl. von Castro Marim

Salzkegel erwandern

In den Salinen von Castro Marim wird Meersalz noch ganz traditionell gewonnen. Streifen Sie durch diese einmalige, von Rosaflamingos bevölkerte Landschaft mit ihren glitzernden Salzkegeln (▶ S. 13).

ESSEN UND TRINKEN
CAFÉS
Café Serafim
Das einfache Lokal in der Hauptstraße hält einheimische Gerichte, etwa »espetada de frango« (Hähnchenspieß), bereit. Von der Terrasse lässt sich das Geschehen im Ort bestens verfolgen.
Rua de São Sebastião 40 | Tel. 2 81 53 14 42 | tgl.

Fortaleza
Café und Snackbar zugleich, mit kleinen Gerichten und Kuchen. Die große Außenterrasse lädt im Winter zum Genießen der Mittagssonne und im Sommer zum Verweilen im Schatten unter Bäumen und Markisen ein. Vorwiegend einheimisches Publikum.
Horta do Vinagre | Tel. 9 19 11 75 68 | tgl.

EINKAUFEN
KULINARISCHES
Terras de Sal
Der kleine Laden der Salinenkooperative ist auf Salz aus dem angrenzenden Naturpark spezialisiert, das keinerlei chemische Zusätze enthält. Auch als Flüssigsalz oder mit verschiedenen Gewürzen aromatisiert und natürlich nett verpackt. Besonders wertvoll das »flor de sal« (Salzblüte), die von Hand abgeschöpfte Kristallkruste der Salzlake.
Rua Dr. José Alves Moreira s/n | www.terrasdesal.com

◎ ILHA DE TAVIRA J/K 2/3
Die flache, Tavira vorgelagerte Sandinsel ist Teil des Naturparks Ria Formosa. Auf 15 km Länge bietet das Eiland auf seiner Atlantikseite sowohl ideale Bedingungen für Windsurfer als auch Bademöglichkeiten für jeden Geschmack. Erschlossene Strandabschnitte sind ebenso dabei wie einsamere Bereiche. Der Hauptzugang zur auto- und übrigens auch fahrradfreien Ilha de Tavira erfolgt ab Pedras d'El Rei zu Fuß über eine Pontonbrücke. Nicht nur Kinder werden anschließend Spaß an der Fahrt mit der historischen **Schmalspurbahn** haben. Sie diente einst der Versorgung einer Thunfischfabrik und ermöglicht heute Touristen die Erkundung der rund 1 km breiten Insel (verkehrt nur während der Badesaison; 2 €, Kinder 1 €). Alternativ kann man den Fußweg neben der Bahntrasse benutzen. Ziel ist der zentrale Teil der ausgedehnten Praia do Barril, wo Besucher eine gute Infrastruktur erwartet. Weiter im Westen ist FKK zugelassen. Im Ostteil der Insel liegt die Praia das Cascas, Taviras Hausstrand. Er wird im Sommer von Personenfähren angefahren, die etwa stündlich in Quatro Águas an der Mündung des Rio Gilão ablegen.
Pedras d'El Rei: 6 km südwestl. von Tavira
Quatro Águas: 1,5 km südöstl. von Tavira

VILA REAL DE SANTO ANTÓNIO L3
12 000 Einwohner

Der Ort wurde als Grenzstadt zu Spanien im 18. Jh. planmäßig in nur fünf Monaten errichtet und repräsentativ ausgebaut, um dem großen Nachbarn jenseits des Rio Guadiana zu imponieren. Trotz seiner schachbrettartigen Anlage versprüht er einen gewissen Charme. Das historische Zentrum wirkt geradezu herausgeputzt. Die **verkehrsberuhigten** Straßen dort gefallen durch ihre »calçada portuguesa«, die typische schwarz-weiße Pflasterung. Vila Real de Santo António zieht als Besucher vorwiegend Shoppingtouristen aus Spanien an. Haushaltswaren wie Handtücher, Besteck und Geschirr aus portugiesischer Produktion sind hier günstiger und hochwertiger als in Spanien. In der Innenstadt reiht sich ein einschlägiges Geschäft an das andere. Die meisten Hotels befinden sich im Strandviertel Monte Gordo, einem relativ angenehmen, überschaubaren Ferienort. Ein großer Kiefernwald, die Mata Nacional, trennt Vila Real de Santo António von Monte Gordo. Das flache Gebiet eignet sich sehr gut zum Radfahren (Verleihfirmen in Monte Gordo). Wer eine längere Tour unternehmen möchte, findet am Fährbahnhof von Vila Real den ausgeschilderten Beginn des Fernradwegs Ecovia do Litoral, der in mehreren Etappen an der Küste entlangführt.

23 km nordöstl. von Tavira

ÜBERNACHTEN
Apolo
Stadthotel – Das Mittelklassehaus liegt recht zentral an der Zufahrt zum Zentrum. Modern dekoriert, alle Zimmer verfügen über Balkon, WLAN und Safe. Im kleinen Garten gibt es einen Pool. Hoteleigener Parkplatz.

Avenida dos Bombeiros Portugueses s/n | Tel. 2 81 51 07 00 | www.apolo-hotel.com | 56 Zimmer | €€

Dunamar Apartments
Komfort-Ferienwohnungen – Die große Anlage liegt direkt am Strand und bietet Hotelstandard mit mehreren Restaurants, Bars, Pool und Wellnessbereich. Alle Apartments sind funktional eingerichtet mit Küchenzeile und separatem Schlafzimmer.

Monte Gordo, Avenida Infante Dom Henrique s/n | Tel. 2 81 53 00 00 | www.dunamarhotel.com | 203 Zimmer | €€
4 km westl. von Vila Real de Santo António

Praia Verde Boutique Hotel
Designhotel – Nach kompletter Renovierung 2014 wiedereröffnet, nun in zeitgemäßem Gewand. Alle Zimmer sind als Suite konzipiert, mit Kitchenette und Veranda. Mit Bar, Restaurant und Verkauf von Spezialitäten der Region. Familienfreundlich. Zwischen Monte Gordo und Altura in 800 m Entfernung vom Strand.

Altura, Praia Verde | Tel. 2 81 53 06 00 | www.praiaverderesort.com | 40 Zimmer | €€
7 km westl. von Vila Real de Santo António

ESSEN UND TRINKEN
Sem Espinhas
Mediterran – Begonnen hat alles in den 1970er-Jahren mit einer einfachen

Vila Real de Santo António | 77

In den Salinen von Castro Marim (▶ S. 74) wird bis heute hochwertiges Salz gewonnen. Hinter dem Grenzfluss Rio Guadiana beginnt Spanien.

Strandbude, heute dem Sem Espinhas Praia do Cabeço. Hier bekommt man die Algarveklassiker wie »cataplana« oder »bacalhau«. Heute hat die kleine Kette mehrere Filialen. Das Sem Espinhas Natura, ebenfalls an der Praia do Cabeço bei Monte Gordo, bietet leichte, asiatisch angehauchte Küche. Ein schickes Strandlokal mit schöner Terrasse ist das Sem Espinhas an der Praia da Manta Rota. Auf der Speisekarte stehen Fisch und Meeresfrüchte. Im Ableger in der Avenida da República, dem Sem Espinhas Guadiana, wird traditionelle Küche modern interpretiert.

– Sem Espinhas Praia do Cabeço | Tel. 2 81 09 81 53 | €€€
– Sem Espinhas Natura | Praia do Cabeço | Tel. 2 81 95 60 26 | €€
– Sem Espinhas Guadiana | Avenida da República 51 | Tel. 2 81 54 46 05 | €€€
– Sem Espinhas Praia da Manta Rota | Tel. 2 81 95 19 80 | €€€
www.semespinhas.net

SERVICE
AUSKUNFT
Posto de Turismo
Monte Gordo | Av. Infante D. Henrique s/n | Tel. 2 81 54 44 95 | www.cm-vrsa.pt

Im Fokus
Bunte Vogelwelt – Die Naturparks der Algarve sind ein Paradies für Vögel

Riesige Lagunenlandschaften mit ihrer reichen Wasservogelfauna bieten erstklassige Naturerlebnisse. Über die Klippen der Westküste ziehen Scharen von Zugvögeln hinweg. Storchennester sind sogar in den großen Städten allgegenwärtig.

Im Mündungsdelta des Rio Guadiana liegt die Reserva Natural do Sapal de Castro Marim. In den Sümpfen, Salinenbecken und Marschen des Schwemmlands leben reichlich Fische und Amphibien, die Weißstörchen, verschiedenen Reiherarten und den rotbeinigen Stelzenläufern als Nahrung dienen. Sporadisch lassen sich auch Kraniche hier blicken. Am auffälligsten sind allerdings die Rosaflamingos, die vorwiegend in den Wintermonaten hier rasten und die sich von winzigen Krebstieren in den Salzpfannen ernähren. Eine Brutkolonie gibt es an der Algarve zwar nicht, aber Flamingos sind immer öfter zu beobachten. Übrigens sogar ohne Fernglas, wenngleich ein solches gute Dienste tut.

Der wesentlich ausgedehntere Naturpark Ria Formosa umfasst einen 60 km langen Küstenabschnitt und damit fast die gesamte Sandalgarve. Er besteht größenteils aus Lagunen und Wasserkanälen, die flache Sand-

◀ Die Reserva Natural do Sapal (▶ S. 74)
bietet Rosaflamingos eine Heimat.

bänke vom Atlantik trennen. Zu Störchen und Flamingos gesellen sich in der Ria Formosa Wildgänse und Fischadler. Sogar das seltene Purpurhuhn, eigentlich in Afrika beheimatet, brütet hier. Es wurde zum Symboltier des Parks erkoren.

Das dritte wichtige Feuchtgebiet, die Ria de Alvor, besteht aus einer riesigen Lagune mit einem nur schmalen Durchlass zum offenen Meer. Häufig können Besucher hier Graureiher, Silberreiher sowie den unverwechselbaren Löffler beobachten. Neben der unvermeidlichen Mittelmeermöwe treten im Winter auch größere Kolonien der Heringsmöwe auf. Ihr schwarzes Rücken- und Flügelgefieder bildet einen unverwechselbaren Kontrast zum weißen Körper.

ZUGVÖGEL UND KLAPPERSTÖRCHE

Im Frühjahr und Herbst sind in der Reserva Biogenética zwischen der Ponta de Sagres und dem Cabo de São Vicente riesige Schwärme von Zugvögeln auf dem Weg von oder nach Afrika zu beobachten. Vogelkundler aus aller Welt kommen zu diesem Zweck hierher. Sagres richtet jedes Jahr Anfang Oktober sogar ein Festival zu diesem Anlass aus. Im Winter sieht man in diesem Gebiet wie auch an der Ponta da Piedade bei Lagos den mit rabenschwarzem Gefieder ausgestatteten Kormoran. Ganzjährig hält sich die ähnliche, aber kleinere Krähenscharbe hier auf.

Weißstörche gelten als die Kulturfolger schlechthin. An der Algarve und der angrenzenden spanischen Costa de la Luz haben sie ihr einziges ganzjähriges Verbreitungsgebiet in Europa. Überall brüten sie ungeniert auf Strommasten, Fabrikschornsteinen und Kirchtürmen. Bereits in den Wintermonaten hocken die Paare in ihren Nestern, Hauptbrutzeit ist dann das Frühjahr. Auch in den Felsklippen bei Sagres und an der Costa Vicentina nisten Störche. Ungewöhnlich, denn normalerweise scheuen sie die unmittelbare Meeresnähe. Ein besonderes Schauspiel bietet sich dort, wenn im Sommer die Jungvögel flügge werden.

BUCHTIPP

Manfred Temme: Vögel der Algarve (Editurismo, 2014)

Fast 200 Vogelarten sind hier abgebildet und in Texten, die sich an interessierte Laien wenden, beschrieben. Wichtig: Man erfährt auch, wann und wo sich ein Vogel am besten beobachten lässt. Die Publikation ist im örtlichen Handel erhältlich.

ALBUFEIRA UND DIE FELSALGARVE

Die beliebtesten Ferienorte der Algarve liegen zwischen Vilamoura und Lagos. Auch hier säumen sandige Bilderbuchstrände die Küste. Aber zum Land hin werden sie von bizarren Felswänden und zerklüfteten Formationen aus rötlich schimmerndem Gestein begrenzt.

Klippen, Steinbrücken über dem Meer, spitze Felsnadeln vor der Kulisse feiner Sandstrände. Welcher davon der schönste ist, lässt sich schwer sagen, aber jeder Besucher findet hier seinen Lieblingsstrand. Allgemein gilt die Praia de Falésia zwischen Vilamoura und Albufeira als Highlight. Weiter nach Westen reihen sich zahlreiche Buchten mit weiteren höchst attraktiven Stränden aneinander. Wer nicht baden möchte, kann schauen und staunen. Die Orte selbst – ehemals kleine **Fischerdörfer** – wuchern zwar an ihren Rändern, meist ist jedoch ein malerischer Kern erhalten. Sehenswert trotz aller Großhotels ist das Zentrum von Albufeira. Sehr ursprünglich zeigt sich Ferragudo ★6. Portimão ist die größte Stadt der Algarve und mehr Arbeiter- und Einkaufsstadt als Ferienresort.

◀ Zerklüftet ist die Küstenlandschaft nahe der Praia de Falésia (▶ S. 45) bei Albufeira.

Wer während seines Aufenthalts an der Algarve Sardinen essen möchte, sollte das in Portimão tun, auch wenn die Fischer nicht mehr so sehr das Stadtbild prägen wie früher. Pittoresk auch die Innenstadt von Lagos, obwohl oder gerade weil der Tourismus hier eine große Rolle spielt. Ein Ausflug ins hügeliger werdende Hinterland lohnt immer.

BESUCH DER MAURISCHEN HAUPTSTADT

In Silves, dem maurischen Hauptort der Algarve, lässt sich auf der Burg und in den Gassen in vergangene Zeiten eintauchen. Eine **Ausgrabungsstätte** der Megalithkultur bei Alcalar, an den Ausläufern der Serra de Monchique, zeugt von frühester Besiedlung der landschaftlich und klimatisch begünstigten Algarve.

ALBUFEIRA ◆ F 3

Stadtplan ▶ S. 83
25 000 Einwohner

Vom kleinen Fischerdorf hat sich Albufeira zur größten Ferienstadt der Algarve entwickelt, die in Spitzenzeiten etwa 300 000 Urlauber aufnimmt. Im Zentrum ist noch das ursprüngliche Ambiente zu erahnen, auch wenn nicht mehr Fischer, sondern touristische Dienstleister das Ortsbild beherrschen. Hauptachse des älteren Teils ist die Fußgängerzone Rua 5 de Outubro, wo sich Cafés und Boutiquen aneinanderreihen. Meerseitig führt sie durch einen zugigen Fußgängertunnel direkt zum Stadtstrand, der von steilen Felsen eingerahmten Praia do Peneco. Östlich schließt nahtlos die Praia dos Pescadores an, der ehemalige Fischerstrand. Noch weiter Richtung Osten erstreckt sich über etliche Kilometer hinweg das Touristenviertel, in dem es weitere Strände sowie Hotels gibt, die ein vorwiegend englischsprachiges Publikum aufnehmen. Im Sommer gilt Albufeira als der Hotspot des **Nachtlebens** an der Algarve, das sich vor allem in den Clubs und Pubs auf der legendären Partymeile »The Strip« (eigentlich Avenida Sá Carneiro) abspielt.

🕓 Tagsüber zu jeder vollen Stunde erklingt die Glocke auf Albufeiras markantem Uhrturm Torre do Relógio.

ÜBERNACHTEN

❶ Vila São Vicente

Für Individualisten – Im Stil eines portugiesischen Landhauses errichtete, gemütliche Unterkunft, die zentral und strandnah liegt. Die Zimmer sind klein, verfügen zumeist aber über einen Balkon. Pool und Sonnenterrasse vorhanden. Kinder sind nicht zugelassen.

Largo Jacinto D'Ayet s/n | Tel. 2 89 58 37 00 | www.hotelsaovicentealbufeira.com | 24 Zimmer | €€€

2 Sol e Mar
Erstklassige Strandlage – Professionell geführtes Haus, das noch aus den Anfängen des Tourismus stammt, inzwischen aber sehr geschickt renoviert wurde. Das größte Plus ist der direkte Zugang zum Strand. Hoher Komfort zu günstigem Preis, alle Zimmer mit Meerblick.
Rua José Bernardino de Sousa s/n | Tel. 2 89 58 00 80 | www.grupofbarata.com | 74 Zimmer | €€

ESSEN UND TRINKEN
RESTAURANTS
O Marinheiro ▶ S. 83, westl. a 4
Mediterrane Küche – Das Restaurant ist modern, aber mit einem Hauch von Nostalgie eingerichtet. Es bietet eine breite Auswahl an Fisch- und Fleischgerichten aus möglichst marktfrischen Zutaten. Auch Vegetarisches steht auf der Karte. Unter den schmackhaften Desserts ist das Brombeersorbet mit »medronho« eine Sünde wert.
Sesmarias, Estrada da Praia Coelho | Tel. 2 89 59 23 50 | www.o-marinheiro.com | tgl. geöffnet, Nov.–Feb. meist geschl. | €€

3 Restaurante 54
Schöne Aussicht – Dieses Lokal liegt am Rand der Altstadt über dem Meer und hat mehrere Aussichtsterrassen. Neben Gerichten der internationalen Küche gibt es auch schnörkellose portugiesische Klassiker. Ungewöhnlich etwa die Gemüsesuppe mit Honig und Ziegenkäse.
Praça Miguel Bombarda 8 | Tel. 2 89 58 70 72 | ganzjährig geöffnet | €€

Três Palmeiras ▶ S. 83, östl. c 2
Klassische Algarve-Küche – Das alteingesessene Restaurant hält über die Jahre hinweg ein konstantes Niveau. Hier gibt es verschiedene »cataplanas«, etwa mit Fisch oder mit Schweinefleisch und Muscheln. Natürlich darf auch Stockfisch (»bacalhau«) nicht auf der Karte fehlen. Außerdem eine Auswahl an vegetarischen Gerichten. Großer, sympathisch altmodisch eingerichteter Speiseraum.
Avenida Infante Dom Henrique 51 | Tel. 2 89 51 54 23 | www.restaurantetrespalmeiras.com | So geschl. | €€

SERVICE
AUSKUNFT
Posto de Turismo de Albufeira
Rua 5 de Outubro s/n | Tel. 2 89 58 52 79 | www.cm-albufeira.pt

Ziele in der Umgebung
◎ ARMAÇÃO DE PÊRA   E 3
4900 Einwohner

Zwar wirkt die quadratisch-praktische Bebauung am Meer mit Apartmenthäusern recht gesichtslos. Aber es gibt im Ort auch attraktive Küstenabschnitte, etwa die Promenade am Fischerhafen mit der ehemals zur Piratenabwehr errichteten, heute als Aussichtsbalkon gestalteten Fortaleza de Armação de Pêra (16. Jh.) oder – weiter westlich – die breite Palmenpromenade an der Avenida Beira Mar. Belebt ist der Ort nur in den Sommerferien, wenn hier zahlreiche Portugiesen urlauben, dann aber scheint er aus allen Nähten zu platzen. Das größte Kapital von Arma-

Albufeira – Armação de Pêra

ção de Pêra ist der östlich angrenzende, 7 km lange **Naturstrand** Praia Grande. Eine Infrastruktur besitzt er nicht, dafür finden sich für Individualisten jede Menge ruhige Plätze. Zu erreichen ist der Strand über den landeinwärts gelegenen Ort Pêra. Von einem großen Parkplatz läuft man noch 1 km auf einem Holzsteg durch ein riesiges Dünengebiet bis zum Meer.
14 km westl. von Albufeira

Wallfahrtsort

Die schneeweiße Ermida Nossa Senhora da Rocha wurde riskant über die Klippen gebaut – heute ist sie nicht nur ein wichtiges Pilgerziel, sondern zugleich ein Aussichtspunkt. Die Farbe der Felsen changiert im Sonnenlicht zwischen verschiedenen Rottönen (▶ S. 13).

ÜBERNACHTEN

Vila Vita Parc

Schöner Park – Luxuriöses Ferienresort der Oberklasse, eingebettet in eine weiträumige Gartenanlage über den Klippen. Die Zimmer und Suiten verteilen sich auf vier Gebäude. Die Gäste haben die Wahl aus acht (!) Spezialitätenrestaurants.

Alporchinhos, Rua Anneliese Pohl s/n | Tel. 2 82 31 91 00 | www.vilavitaparc.com | 180 Zimmer | €€€€

ESSEN UND TRINKEN

RESTAURANTS

Cantinho do Mar

Solide Hausmannskost – Riesige maritime Wandbilder schmücken den Speiseraum des gemütlichen Lokals. Hier wird bodenständige einheimische Küche mit gegrilltem Fisch, Fleischspießen, »cataplanas«, Fischeintöpfen und Meeresfrüchtereis geboten. Am Montag tritt abends oft ein Fado-Sänger auf.

Rua do Alentejo s/n, Lote 4 | Tel. 9 18 74 01 41 | €€

BARS

Pedro's Bar

Die einfache Snackbar – eher ein Kiosk – zeichnet sich durch ihre ideale Lage an der Uferpromenade aus, was sie seit ihrer Eröffnung im Jahr 1991 trotz spartanischer Einrichtung zum Dauerbrenner macht. Drinks und die günstigen kleinen Gerichte genießt man am besten an den Tischen am Strand, idealerweise zum Sonnenuntergang.

Rua do Mirasol s/n | Tel. 9 69 80 33 46 | Di–So 8–19 Uhr, Mo geschl.

Bei Albufeira gibt sich die Küste spröde. So einsam Küstenabschnitte wie die Praia de Falésia (▶ S. 45) sind, so turbulent geht es in dem Ferienort zu.

Armação de Pêra – Vilamoura | 85

SERVICE
AUSKUNFT
Posto de Turismo
Avenida Beira Mar 7 | Tel. 2 82 31 21 45 | www.cm-silves.pt

OLHOS DE ÁGUA
3300 Einwohner

Trotz einer gewissen touristischen Entwicklung hat das Küstendorf seinen Charme von ehedem bewahrt. Der kleine Sandstrand, an dem bunte Fischerboote liegen, wird von roten Felsen und Pinienhainen gesäumt. Dahinter stapeln sich schneeweiße, würfelförmige Häuser. An der Meeresfront bieten ein paar Restaurants den frischen Fang an, Sardinen sind die örtliche Spezialität.

🕓 Bei Niedrigwasser sieht man die Süßwasserquellen aus dem Meeresboden sprudeln, die dem Ort seinen Namen, wörtl. »Wasseraugen«, geben.
8 km östl. von Albufeira

EINKAUFEN
KULINARISCHES
Quinta do Mel ▸ S. 39

QUARTEIRA
21 600 Einwohner

Bei Quarteira geht die Felsalgarve in die flachere Sandalgarve über. Die Betonkulisse aus Apartmenthäusern hinter dem 4 km langen, kinderfreundlichen Sandstrand ist nicht wirklich attraktiv, obwohl einige neuere Gebäude durchaus fantasievoller gestaltet wurden als die alten Kästen aus dem 20. Jh. Aber wer hier wohnt, erreicht das Meer über die hübsch mit Pflastermosaiken und Palmen angelegte Promenade, ohne eine Straße überqueren zu müssen. In Quarteira urlauben vorwiegend Portugiesen.
22 km östl. von Albufeira

ESSEN UND TRINKEN
Marisqueira O Jacinto

Meeresfrüchte und Fisch – Das gemütliche Lokal, zu dessen Gästen viele Einheimische zählen, hat sich auf klassische Seafoodgerichte wie »caldeirada« oder »arroz de mariscos« spezialisiert. Legendär ist die »cataplana« mit »tamboril« (Seeteufel). Als Nachspeise empfiehlt sich die Mango-Mousse.
Avenida Francisco Sá Carneiro 2 | Tel. 2 89 30 18 87 | Di–So 12–15 und 19–23 Uhr | €€€

EINKAUFEN
MÄRKTE
Mercado de Quarteira

Die mit »azulejos« verzierte Traditionsmarkthalle ist zweigeteilt. In einem Gebäude werden Obst und Gemüse verkauft, im anderen Fisch und Meeresfrüchte. Letztere werden täglich frisch aus dem angrenzenden, noch sehr aktiven Fischerhafen geliefert.
Largo do Mercado s/n | tgl. geöffnet

VILAMOURA
5000 Einwohner

Der Name des reinen Ferienortes steht für Luxus. Rund um die Marina de Vilamoura, Portugals größten Jachthafen, der über 1000 Boote aufnehmen kann, gruppieren sich sechs Golfplätze, Tenniszentrum, Reitschule, diverse 4- und 5-Sterne-Hotels sowie private Villen und Bungalows. Außerdem gibt es ein Spielcasino, Nachtclubs und Gourmetrestaurants.
19 km östl. von Albufeira

SEHENSWERTES

Cerro da Vila
Auf einer Fläche von 3 ha verteilen sich hinter dem Jachthafen Gebäudefundamente aus römischer, westgotischer und maurischer Zeit. Bemerkenswert ist vor allem die Casa dos Mosaicos mit ihren gut erhaltenen Mosaikfußböden (3. Jh.) und der Balneário Grande, eine große Thermenanlage, die sich aus einem 2 km entfernten Stausee speiste.
Avenida Cerro da Vila s/n | Mai–Okt. tgl. 10–13, 16–21, Nov.–April tgl. 9.30–12.30, 14–18 Uhr | Eintritt 3 €

ÜBERNACHTEN

Dom Pedro Portobelo
Geräumige Wohneinheiten – Das Aparthotel zwischen Strand und Marina bietet den üblichen Komfort eines 4-Sterne-Hotels wie Pool, Restaurant und Bar. Die Gäste können die Einrichtungen der anderen Dom Pedro Hotels im Ort mitbenutzen.
Avenida Tivoli s/n, Lote H5 | Tel. 2 89 30 07 80 | www.dompedro.com | 138 Zimmer | €€

ESSEN UND TRINKEN

RESTAURANTS
Willie's
Edel speisen – Eines der wenigen Restaurants in Portugal, die mit einem Michelinstern geadelt wurden. Dennoch ist die Atmosphäre nicht steif. Willies hausgemachte Meeresfrüchte-Ravioli mit Wermut-Sahne sind eine Versuchung. Zum Ausklang bietet sich die Zitronencreme im Zuckerkörbchen an. Erlesene Weinauswahl.
Rua do Brazil 2 | Tel. 2 89 38 08 49 | www.willies-restaurante.com | Do–Di ab 19 Uhr, Jan. bis Anfang Feb. meist geschl. | €€€€

Quarentae4
Sophisticated – Das hippe Lokal öffnete nach dem großen Erfolg im Jahr zuvor in der Saison 2015 erneut seine Tore. In der Küche wird aus frischen Zutaten Mediterranes und asiatisch Inspiriertes gezaubert. Auch die Auswahl an Weinen von angesagten portugiesischen Winzern sowie der engagierte Service überzeugen.
Rua Volta do Anzol s/n, Jardim das Oliveiras | Tel. 2 89 32 30 57 | www.quarentae4.pt | Mo–Do 20–24, Fr und Sa 20–1 Uhr | €€

KULTUR UND UNTERHALTUNG

Casino Vilamoura
Hier wird nicht nur dem Glücksspiel gefrönt, sondern es finden auch Tanzshows und Konzerte statt. Integriert ist die Nobeldiskothek Black Jack.
Praça do Casino | www.solverde.pt

LAGOS
Stadtplan ▶ S. 87
22 000 Einwohner

Lagos, an der Mündung des Flusses Ribeira de Bensafrim gelegen, ist eine der größeren Städte der Algarve und zugleich eines der wichtigsten Touristenzentren, in dem sich die junge, internationale **Surferszene** zu Hause fühlt. Fischerei- und Jachthafen befinden sich am östlichen, die von einer wuchtigen Stadtmauer umgebene Altstadt am westlichen Flussufer. Deren Gassen laden zum beschaulichen Schlendern ein. Hinter den Ruinen des Castelo dos Governadores, wo Heinrich der Seefahrer im 15. Jh. über die

Algarve herrschte, warten heute zahlreiche Restaurants, Cafés, Bars und Souvenirgeschäfte auf Kundschaft, tagsüber genauso wie spät in den Abend hinein. Das Nachtleben beansprucht einen der vorderen Plätze in der Region.

Diesen südlichen Teil der Altstadt durchzieht eine gepflegte, malerische Fußgängerzone. Sie beginnt jenseits der modern gestalteten Praça do Infante, wo eine Statue von Heinrich dem Seefahrer den Fluss ins Visier nimmt. Zu seiner Zeit war Lagos nach Lissabon der wichtigste portugiesische Hafen. Von hier aus starteten die Karavellen zu Eroberungsfahrten und zum Sklavenfang Richtung Afrika. Ein lebhafterer Platz, den man aufsucht, um zu sehen und gesehen zu werden, ist die Praça Gil Eanes mit den Antigos Paços do Concelho (altes Rathaus). Hier erhebt sich eine moderne Skulptur, die den legendären König Sebastião zeigt, der im 16. Jh. in Marokko eine schwere militärische Niederlage erleiden musste und verschollen blieb. Trotz des immer wichtiger werdenden Tourismus

Die Altstadt von Lagos (▶ S. 86) strahlt auch in Zeiten des Massentourismus noch etwas Ursprüngliches aus – nicht zuletzt dank der allgegenwärtigen Fischerbötchen.

hat sich Lagos noch einige **Authentizität** bewahren können. Das ist vor allem im nördlichen Bereich der Altstadt jenseits der Praça Gil Eanes zu spüren. Hier ticken die Uhren noch deutlich langsamer als an der Uferpromenade und im Hafen.

SEHENSWERTES

❶ Forte da Ponta da Bandeira

Die kleine, trutzige Festung am südlichen Ende der Uferpromenade beherbergt heute eine Ausstellung über die Zeit der großen portugiesischen Entdeckungsfahrten. Das Fort wurde Ende des 17. Jh. zur Sicherung der Hafeneinfahrt erbaut.

Cais da Solaria | Di–So 10–12.30 und 14–17.30 Uhr | Eintritt 3 €, Kombiticket mit Museu Municipal und Mercado dos Escravos 5 €

❷ Igreja de Santo António

Die Antoniuskirche gilt als prächtigstes barockes Gotteshaus der Algarve, wenn nicht ganz Portugals. Neben den mit Gold geradezu überladenen Altären ist vor allem die kunstvolle realistische Deckenmalerei erwähnenswert. Zugang nur über das Stadtmuseum möglich (▶ S. 88).

Rua General Alberto Carlos Silveira s/n | Di–So 10–12.30 und 14–17.30 Uhr | Eintritt 3 €, gratis am 18.4., 18.5., 27.9., 27.10.

MUSEEN UND GALERIEN

❸ Museu Municipal Dr. José Formosinho

Das Stadtmuseum zeigt Sammlungen zur Archäologie von der Vorgeschichte über die römische und maurische Zeit bis in die portugiesische Epoche. Zudem verfügt es über eine ethnologische

Abteilung, wo Handwerksgerät und Utensilien für den Fischfang ausgestellt sind. Alte Fotografien von der geschichtsträchtigen Hafenstadt und eine Abteilung für Sakralkunst runden die Ausstellung ab.
Rua General Alberto Carlos Silveira s/n | Di–So 10–12.30 und 14–17.30 Uhr | Eintritt 3 €, gratis am 18.4., 18.5., 27.9., 27.10., Kombiticket s. Forte Ponta da Bandeira

4 Núcleo Museológico do Mercado dos Escravos

Im alten Zollhaus befasst sich eine permanente Ausstellung mit der Vergangenheit der Stadt als Zentrum des portugiesischen Sklavenhandels. Lagos war ab Mitte des 15. Jh. lange Zeit Hauptumschlagplatz für Sklaven in Europa. Die Seefahrernation Portugal sollte das Monopol auf den Menschenhandel behalten, bis England und Holland in das lukrative Geschäft eingestiegen sind. Erst 1869 wurde die Sklaverei in Portugal endgültig abgeschafft.
Praça do Infante Dom Henrique s/n | Mo–Sa 10–18 Uhr | Eintritt 1,50 €, gratis am 18.4., 18.5., 27.9., 27.10., Kombiticket s. Forte Ponta da Bandeira

ÜBERNACHTEN

5 Casa da Moura

Kleines Altstadthotel – Das ehemals herrschaftliche, liebevoll restaurierte Stadthaus liegt zentral und trotzdem ruhig. Die Zimmer sind unterschiedlich und, wie schon der Name andeutet, im maurischen Stil eingerichtet. Alle verfügen über eine separate Küche, einige auch über einen Balkon. Im Innenhof befindet sich sogar ein kleiner Swimmingpool. Für abends bietet sich die Dachterrasse als Aufenthaltsort an.
Rua Cardela Neto 10 | Tel. 9 67 17 75 90 | www.casadamoura.com | 8 Zimmer | €€

Vivenda Miranda ▶ S. 87, südwestl. a 3

Auf den Klippen – Im kleinen Nachbarort Porto de Mós direkt über dem Meer gelegenes Boutiquehotel. Eine kleine Bucht ist über einen schmalen Pfad zu erreichen, auf der anderen Seite liegt der weitläufige Hauptstrand. Die Zimmer sind edel und individuell mit antikem Charme gestaltet, alle verfügen über Balkon, Terrasse oder Pergola. Hervorragendes Restaurant, schöne Poolanlage, Garten und Spa-Bereich.
Porto de Mós, Rua das Violetas s/n | Tel. 2 82 76 32 22 | www.vivendamiranda.com | 25 Zimmer | €€€€
2 km südwestl. von Lagos

ESSEN UND TRINKEN
RESTAURANTS

6 Don Sebastião

Rustikal, aber edel – Seit 1979 eine Institution für gutes Essen, mit zwei Speisesälen, Patio und Terrasse. Aus der Küche kommen traditionelle portugiesische Spezialitäten, wobei der Schwerpunkt auf Fisch und Meeresfrüchten liegt. Dabei darf es auch durchaus etwas Luxus sein: Languste oder Hummer stehen zur Wahl. Weinkenner dürfen einen Besuch des Weinkellers nicht versäumen, in dem eine bedeutende Sammlung alter Madeiras und Ports lagert.
Rua 25 de Abril 20–22 | Tel. 2 82 78 04 80 | www.restaurantedonsebastiao.com | tgl. | €€€

> **Marzipankonfekt**
>
> Seit 1935 fertigt die Konditorei Taquelim Gonçalves das traditionelle Marzipankonfekt von Lagos. Oft nehmen die süßen Köstlichkeiten die Form von Früchten oder Muscheln an, aber auch von Osterküken oder Weihnachtssternen (▶ S. 14).

❼ A Forja

Klein, aber fein – Landestypisches, familiäres Restaurant in einem alten Stadthaus, mit eng gestellten Tischen und traditioneller Küche. Abends am besten frühzeitig kommen oder reservieren!
Rua dos Ferreiros 17 | Tel. 2 82 76 85 88 | So–Fr 12–15, 18.30–22 Uhr | €€

EINKAUFEN
KULINARISCHES
❽ **Maria do Mar** ▶ S. 39

KULTUR UND UNTERHALTUNG
❾ **Stevie Ray's**
Coole Bar für Jazz, Soul und Blues, in der entweder internationale DJs auflegen oder Livemusik geboten wird. Zu den bevorzugten Getränken des Publikums gehören unter anderem fruchtige Cocktails, Portwein oder Champagner.
Rua Senhora da Graça 9 | www.stevie-rays.com | Di–Sa 21–4 Uhr

SERVICE
AUSKUNFT
Posto de Informação Turística
Praça Gil Eanes s/n (im alten Rathaus) | Tel. 2 82 76 30 31 | www.cm-lagos.pt

Die Ponta de Piedade (▶ MERIAN TopTen, S. 91) im Süden von Lagos gehört zu den unverwechselbaren Erkennungszeichen der Algarve.

Ziele in der Umgebung

◎ MEIA PRAIA C3

Der hellsandige, von Dünen gesäumte Strand erstreckt sich jenseits der Hafenanlagen von Lagos über eine Länge von 6 km hinweg. Selbst in der Hauptsaison bietet er reichlich Platz, vor allem in seinem ruhigeren Ostteil. Da er nicht durch Klippen gegen Nordwinde geschützt ist, bläst es hier oft recht kräftig, was Wind- und Kitesurfer zu schätzen wissen.

1 km östl. von Lagos

◎ PONTA DA PIEDADE C3

Die Klippenlandschaft südlich von Lagos zählt ohne Zweifel zu den attraktivsten Stellen der Felsalgarve. Von der Stadt leiten mehrere schmale Badebuchten, darunter der mit 200 m Länge wichtigste Strand von Lagos, die Praia da Dona Ana, zu den bizarren Felsformationen der Landspitze über. Wer mag, kann sich per **Ausflugsboot** an diesem Küstenabschnitt entlangschippern lassen (mehrere Anbieter im Hafen von Lagos, ca. 12,50 € pro Person). Oder aber man fährt mit dem Auto, wahlweise auch per Touristen-Bimmelbahn (in der Saison tgl. 10–19.25 Uhr, 2,50 € pro Strecke), an Kreuzwegstationen vorbei zum Leuchtturm auf der Ponta da Piedade. Früher stand hier ein im 18. Jh. durch ein Erdbeben zerstörtes Heiligtum zu Ehren der Senhora da Piedade, an das ein moderner Marienschrein erinnert. Neben diesem Ensemble führen steile Treppenstufen zu einem Anleger hinunter, wo ebenfalls sogenannte »Grottenfahrten« starten. Die Küstenfelsen sind nicht nur äußerst fotogen, sondern auch ein Eldorado für Seevögel. Regelmäßig können hier Albatrosse beobachtet werden.

2 km südl. von Lagos

> **Blick unter Wasser**
>
> An der Praia do Camilo gibt es für Schnorchler eine farbenfrohe Meeresfauna zu entdecken: Fische, Seeanemonen, Korallen und Seepferdchen tummeln sich in kristallklarem Wasser (▶ S. 14).

◎ ZOO DE LAGOS C3

Der Tierpark genießt einen guten Ruf. Seine spezielle Attraktion ist die Primateninsel, auf der verschiedene Affenarten leben.

Barão de São João, Quinta das Figueiras | www.zoolagos.com | April–Sept. 10–19, Okt.–März 10–17 Uhr | Eintritt 16 €, Kinder 12 €

10 km nordwestl. von Lagos

PORTIMÃO D3

Stadtplan ▶ S. 93
55 000 Einwohner

Portimão ist noch vor Faro die größte und einwohnerstärkste Stadt der Algarve, die allerdings schon bessere Zeiten gesehen hat. Seit auch die letzte von früher elf fischverarbeitenden Fabriken ihre Tore geschlossen hat, stehen viele Gebäude in der überschaubaren Innenstadt leer. Zentraler Platz ist die Praça da República (mit öffentlichem Parkhaus). Von dort aus ziehen sich schmale Gassen zur Haupteinkaufsstraße Rua Direita, einer nett gestalteten Fußgängerzone. An ihrem östlichen Ende liegt ein lauschiger Platz mit schattigen Sitzgelegenheiten, der

Largo 1° de Dezembro. Belebter ist allerdings der weitläufige Largo do Dique am Rio Arade, wo mehrere Anbieter von Bootsfahrten ihre Schalter betreiben.

Eine breite, palmengesäumte Promenade mit Radweg und die angrenzende Parkanlage Jardim Visconde Bivar säumen das Flussufer. Nach Norden verläuft sie unter einer Straßenbrücke hindurch zum ehemaligen Fischerhafen, der inzwischen fast vollständig an das gegenüberliegende Ufer verlegt wurde. Am einstigen **Sardinenkai** sitzen heute Angler. Auf den Schornsteinen der stillgelegten Fischfabriken haben Störche ihre Nester gebaut. Geblieben sind einige Buden und Restaurants, die gegrillte Sardinen anbieten.

Zum Meer hin erstreckt sich das Touristenviertel Praia da Rocha entlang des gleichnamigen, 1500 m langen und ungewöhnlich breiten Sandstrandes, an den im Westen eine bizarre **Klippenlandschaft** grenzt. Im Osten liegt an der Mündung des Rio Arade ein geräumiger Jachthafen. Hinter dem Strand reihen sich Hotel- und Wohntürme aneinander. In den Sommermonaten geht hier die Post ab, dann reist sogar die Schickeria aus Lissabon an. Praia da Rocha gilt als ausgesprochen lebhafter Ferienort mit zahlreichen Bars und Diskotheken, in denen die ganze Nacht hindurch gefeiert wird.

◷ Bootsausflüge von Portimão nach Silves finden nur bei Springtide statt, also in den Tagen um Voll- und Neumond.

MUSEEN UND GALERIEN

Museu de Portimão 🏁 ▶ S. 93, südl. b3

Das Museum empfängt die Besucher in einer ehemaligen Fischkonservenfabrik. Hauptthemen sind der Fang von Sardinen, der hier eine lange Tradition hat, sowie Funde aus römischer und maurischer Zeit. Seit Neuestem ist in der ehemaligen Zisterne die Replik eines von vier Schiffswracks begehbar, die 2012/2013 vor der Küste versenkt wurden.

Rua D. Carlos I s/n | Tel. 2 82 40 52 30 | www.museudeportimao.pt | Sept.–Juli Di 14.30–18, Mi–So 10–18, Aug. Di 19.30–23, Mi–So 15–23 Uhr | Eintritt 3 €, Sa 15–19 Uhr frei

ÜBERNACHTEN

❶ Globo

Mittendrin – Das funktionale Hotel liegt sehr zentral. Von nahezu jedem Punkt der Stadt ist seine Reklametafel zu sehen. Die Zimmer sind ordentlich und bieten einen gewissen, wenn auch nicht übertriebenen Komfort. Ein Restaurant befindet sich ganz oben im sechsten Stock mit Blick über ganz Portimão.

Rua 5 de Outubro 26 | Tel. 2 82 40 50 30 | www.hotelglobo-portimao.com | 71 Zimmer | €€

Oriental ▶ S. 93, südl. b3

Nettes Strandhotel – Von der Architektur her mit seinen Hufeisenbögen und unzähligen Türmchen an ein arabisches Märchenschloss erinnernd, fügt sich das Haus weitaus besser in die Umgebung als manches andere Gebäude an der Uferfront. Die Zimmer sind geräumig und verfügen über große Balkone, einige auch über eine Küchenzeile.

Praia da Rocha, Avenida Tomás Cabreira s/n | Tel. 2 82 48 08 00 | www.tdhotels.com | 91 Zimmer | €€

ESSEN UND TRINKEN

RESTAURANTS

❷ O Mané

Landestypisch – Nettes kleines Lokal in einem Haus, das von oben bis unten mit blauen Fliesen verkleidet ist. Auch hier gibt es natürlich Sardinen und anderen fangfrischen Fisch. Wer lieber Fleisch mag, wird ebenfalls fündig.
Rua Damião Lopes Faria de Castro 1 | Tel. 282 42 34 96 | So geschl. | €€

Sakuto Sushi ▶ S. 93, südl. b3

Japanisch – Essen aus dem Land der aufgehenden Sonne ist derzeit an der Algarve »in«. Japanische Restaurants schießen wie Pilze aus dem Boden, in Portimão eröffnete 2014 eines der besten. In Rot und Weiß dekoriert, bietet es cooles Ambiente und eine große Auswahl an Sushis, Salaten, Suppen, Fischgerichten und vegetarischen Speisen, auch zum Mitnehmen.

Rua D. Carlos I. 43 | Tel. 9 16 09 95 08 | tgl. 11.30–15, 18–23 Uhr | €

CAFÉS
❸ Casa Inglesa
Das Kaffeehaus existiert schon seit 1922. Am Tresen gute Auswahl an Kuchen und Gebäck. Kleiner, schlichter Speiseraum, wo landestypische Küche gepflegt wird. Natürlich gibt es hier auch gegrillte Sardinen!
Praça Manuel Teixeira Gomes 2 | Tel. 2 82 41 62 90 | www.casainglesa.com | tgl. 8–23 Uhr

EINKAUFEN
KULINARISCHES
❹ Maria do Mar ▶ S. 39

SCHMUCK
❺ Ourivesaria Rafael ▶ S. 39

Knackige Mandeln 7

In der gut bestückten Markthalle von Portimão können Sie Krachmandeln erstehen, geröstet und ungesalzen. Verputzen Sie die Knabberei doch im Stadtpark am Ufer des Rio Arade (▶ S. 14).

KULTUR UND UNTERHALTUNG
❻ Teatro Municipal de Portimão
Wer Portugiesisch versteht, wird an den Auftritten von Komödianten, die hier in unregelmäßigen Abständen stattfinden, Spaß haben. Auch ohne Sprachkenntnisse erschließen sich die Konzerte, etwa von Tuna-Gruppen, Percussion-Bands oder Blues-Sängern.
Largo 1° de Dezembro s/n | www.teatro municipaldeportimao.pt

SERVICE
AUSKUNFT
Posto de Turismo
– Edifício do Tempo | Teatro Municipal de Portimão | Largo 1° de Dezembro s/n | Tel. 2 82 40 24 87 | www.cm-portimao.pt
– Filiale an der Praia da Rocha: Avenida Tomás Cabreira s/n | Tel. 2 82 41 91 32

Ziele in der Umgebung

◎ **ALCALAR** D3
Bei der megalithischen Siedlung aus der Kupferzeit (um 3000 v. Chr.) handelt es sich um eine der interessantesten **archäologischen Stätten** der Algarve. Die Ribeira da Torre war damals bis hierher schiffbar, was nahelegt, dass die landwirtschaftlichen Produkte der Umgebung von einer gut organisierten Bevölkerung exportiert wurden. Ihre Häuser hatten sie ringsum eine Reihe von Grabstätten errichtet, von denen bisher 16 identifiziert werden konnten. Sowohl Dolmen als auch Kuppelgräber sind vertreten. Einige davon waren Kollektivgräber, andere für die Führungselite bestimmt. Am eindrucksvollsten präsentiert sich der Tumulus Nr. 7, dessen Grabkammer durch einen engen Korridor zugänglich ist.
Vale das Amoreiras | www.museu deportimao.pt | Sept.–Juli Di–Sa 10–13, 14–16.30, Aug. Di–Sa 10–13, 14–18 Uhr | Eintritt 2 €
11 km nordwestl. von Portimão

◎ **ALVOR** D3
6400 Einwohner
Die engen Gassen des urigen Fischerdorfs, das sich nicht zum Atlantik hin, sondern zu der weitläufigen Lagune Ria de Alvor orientiert, erkundet man

am besten zu Fuß. Ein großer, gebührenfreier Parkplatz befindet sich in der »zona ribeirinha«, dem Fischerbereich. Von dort verläuft eine von Restaurants gesäumte Promenade nach Norden. Der Ort selbst zieht sich dahinter einen Hügel hinauf. Eine unbebaute Niederung trennt ihn von dem Strandviertel am Atlantik, das nur aus ein paar Apartmenttürmen besteht. Richtung Westen ist die hier von Dünen gesäumte Praia de Alvor völlig naturbelassen geblieben und zählt sicherlich zu den attraktivsten Stränden der Algarve.
6 km westl. von Portimão

SEHENSWERTES

Igreja Matriz

Die außergewöhnlich schöne Pfarrkirche (16. Jh.) lohnt einen Besuch. Außen beeindruckt das manuelinische Portal, das reich mit allerlei in Stein gehauenen Figuren und Zeichen verziert ist. Innen fallen barocke »azulejos«, die mit Blattgold belegte Rückwand des Hauptaltars sowie die imposanten Säulen aus rötlichem Gestein, das bei Silves abgebaut wurde, ins Auge.
Rua da Igreja s/n

⭐ Ria de Alvor

Die weite Lagune, in die mehrere Flüsse münden, steht auf einer Fläche von 1400 ha unter Naturschutz und gilt als bestens geeignet, um verschiedenste Wasservögel zu beobachten. Sie können entweder von der »zona ribeirinha« (s. o.) einen Holzplankenweg Richtung Meer einschlagen. Dieser beschreibt einen Bogen durch die Dünen am Südrand der Ria de Alvor. Die Rückkehr kann anschließend am an-

Der Ort Alvor (▶ S. 94) besitzt gleich zwei Zugänge zum Wasser. Das Städtchen nämlich liegt nicht nur am Atlantik, sondern auch an einer seichten Lagune (▶ MERIAN TopTen, S. 95).

Die Farben des Felslabyrinths von Algar Seco (▶ S. 97) changieren je nach Tageszeit. Wer Glück hat, kann dem Schauspiel vom Tisch eines nahen Restaurants beiwohnen.

grenzenden Atlantikstrand erfolgen, der in diesem Bereich völlig naturbelassen ist. Rechnen Sie mit ungefähr einer Stunde für die Bewältigung des gesamten Rundwegs. Wer sich für die andere Möglichkeit zur Erkundung der Region entscheidet, fährt über Mexilhoeira Grande (an der N125 Richtung Lagos) zur Südspitze einer Landzunge, die von Norden her in die Lagune hineinragt. Dort führt ein vergleichbarer Rundparcours durch die amphibische Landschaft, dessen Absolvierung rund 60 Minuten in Beschlag nimmt.

ESSEN UND TRINKEN
O Caniço

In Felsen gebaut – Das Restaurant schmiegt sich außerhalb des Ortes direkt am Strand zwischen die Klippen – eine sicherlich einmalige Lage. Plätze am Geländer einer der beiden Terrassen erfreuen sich großer Beliebtheit. Also besser reservieren! Serviert wird gute mediterrane Küche, dazu erklingt coole Musik. Auch schön für einen abendlichen Drink.

Aldeamento da Prainha, Praia dos 3 Irmãos | Tel. 2 82 45 85 03 | tgl. ab 9.30 Uhr | €€

Alvor – Carvoeiro | 97

SERVICE

AUSKUNFT
Posto de Turismo
Rua Dr. Afonso Costa 51/Rua 25 de Abril | Tel. 2 82 45 75 40 | turismo.alvor@turismodealgarve.pt

Muschelsammeln
Picken Sie an der Praia de Alvor Muschelgehäuse aus dem hellen Sand heraus. Ein preiswerteres und individuelleres Mitbringsel gibt es kaum (▶ S. 14).

CARVOEIRO
2700 Einwohner

Schon zwischen den beiden Weltkriegen hatte ein damals sehr exklusives portugiesisches Publikum Carvoeiro als **Sommerfrische** entdeckt. Ein längst geschlossenes Spielcasino zeugt von dieser Zeit. Seit einigen Jahrzehnten erfreut sich der Ferienort vor allem bei deutschsprachigen Familien großer Beliebtheit. Entstanden ist er rund um ein malerisches Fischerdorf, dessen Häuser sich hinter der kleinen Praia do Carvoeiro drängen. Der Strand ist sehr attraktiv, da er von roten Felswänden gesäumt wird. Ringsum erstrecken sich Bungalowsiedlungen, zwischen denen sich auch das eine oder andere Hotel findet. Richtung Osten schließen auf einer Strecke von 10 km mehrere weitere Strände an, die sich unter die Steilküste ducken. Erreichbar sind sie nur per Boot oder auf steilen Treppen vom Plateau über den Klippen. Die Küste gilt als Eldorado für Taucher und Schnorchler.
14 km südöstl. von Portimão

SEHENSWERTES

Algar Seco
Das bizarre Felslabyrinth ist von der Praia do Carvoeiro auf einem viertelstündigen Spaziergang Richtung Osten an der Küste entlang zu erreichen. Fenster und Bögen hat die Brandung hier in das ockerfarben schimmernde Kalkgestein gefressen. Tief unten gurgelt der Atlantik. Mittendrin serviert ein Kiosk Kaffee und kalte Getränke.
🕐 Die Felsen des Algar Seco wechseln ihre Färbung je nach Tageszeit. Am schönsten zum Sonnenuntergang.
1 km östl. von Carvociro

ÜBERNACHTEN

Quinta dos Oliveiras
Renoviertes Landhaus – Die Unterkunft besticht durch ihre ruhige Lage und ist umgeben von einem schönen Garten mit Pool, zu dem die Zimmer von der Terrasse aus direkten Zugang bieten.
Sitio da Passarilho | Tel. 2 82 34 31 75 | www.quintadosoliveiras.net | 14 Zimmer | €€
4 km nördl. von Carvoeiro

Tivoli Carvoeiro
Über einer Bucht – Das schwungvoll gebaute Hotel liegt direkt über einem gut geschützten kleinen Strand. Etwa die Hälfte der Zimmer hat Landblick, aber der Aufpreis von 20 bis 30 % für Balkon und Meerblick ist gut investiert. Ansonsten bietet das Haus soliden 4-Sterne-Standard. Die Preise sind starken saisonalen Schwankungen unterworfen.
Vale do Corvo | Tel. 2 82 35 11 00 | www.tivolihotels.com | 293 Zimmer | ♿ | €€€

ESSEN UND TRINKEN
Jardim do Farol
Familiär – Einfaches, aber gemütliches Lokal mit solider Küche, wobei Fisch eine Hauptrolle spielt. Auch das Lamm oder die üppigen Salatteller sind nicht zu verachten. Stammkunden loben die freundliche Atmosphäre. Auf individuelle Wünsche wird gerne eingegangen.
Estrada do Farol s/n | Tel. 2 82 35 83 32 | tgl. geöffnet | €€

KULTUR UND UNTERHALTUNG
Manoel's Jazz Club
Jazz live gibt es hier jeden ersten Freitag im Monat, Rock und Pop mehrmals wöchentlich. Eine Institution mit Riesenauswahl an Cocktails!
Monte Carvoeiro | tgl. 18–4 Uhr

SERVICE
AUSKUNFT
Posto de Turismo
Largo da Praia s/n | Tel. 2 82 35 77 28 | www.cm-lagoa.pt

FERRAGUDO
2000 Einwohner

In dem pittoresken Ort leben die Fischer noch wie eh und je. In aller Ruhe reparieren die Männer im Hafen am Rio Arade ihre Netze und Reusen, wenn sie nicht gerade mit den kleinen bunten Booten aufs offene Meer hinausgefahren sind. Einer völlig anderen Welt scheint die Hochhauskulisse von Praia da Rocha am gegenüberliegenden Ufer der breiten Flussmündung anzugehören. Am Hauptplatz von Ferragudo füllen sich die Straßencafés schon am Vormittag mit Einheimischen und Ausflüglern, an der Promenade und in den Gassen nebenan warten Restaurants und Kneipen vor allem in den Abendstunden auf Besucher. Ruhiger geht es weiter oben im Ort zu, wo die kleinen Wohnhäuser adrett mit Fliesenbildern und Topfblumen verziert sind.
5 km südöstl. von Portimão

ESSEN UND TRINKEN
RESTAURANTS
A Ria ▶ S. 28

Marisqueira Maré Viva
Meeresfrüchte – In dem Lokal liegt der Fokus auf Muschelgerichten. Fangfrischen Fisch kann sich jeder Gast aus der Glasvitrine aussuchen. Gutes Preis-Leistungs-Verhältnis, große Portionen.
Rua Marechal Carmona 21 | Tel. 2 82 46 12 97 | €€

LAGOA
7300 Einwohner

Seit jeher ist Lagoa das Zentrum des Weinanbaus an der Algarve. Rings um den Ort erstrecken sich Rebenfelder. Während der Zeit der Weinlese rattern Lastkraftwagen mit Erntegut durch die Straßen und in der zentralen Weinkellerei geht es geschäftig zu.
10 km östl. von Portimão

MUSEEN UND GALERIEN
GALERIEN
Galeria Arte Algarve
Die private, von Rolf Osang und seinem Team geführte Kunstgalerie ist 2011 in einen Flügel der Weinkellerei von Lagoa (s.o.) eingezogen. In der ehemaligen Lagerhalle ist reichlich Platz für Gemälde, Skulpturen und Installationen. Im März 2015 startete

eine ambitionierte Serie neuer kultureller Events mit Konzerten, Theateraufführungen und Literaturlesungen.
N 125 (am Südrand der Stadt, nahe Abzweigung Richtung Carvoeiro) | www.artalgarve.net | Mo–Sa 10–18 Uhr

EINKAUFEN
KULINARISCHES
Adega Cooperativa Lagoa
Seit 1944 wird in dem inzwischen schon historischen Gebäude Wein gekeltert. Heute trägt er die Qualitätsbezeichnung »DOC Lagoa«. Eine Besonderheit ist der Likörwein Algardoce. Probe und Verkauf. Auch die Besichtigung der Adega ist möglich.
N 125 (am Südrand der Stadt, nahe Abzweigung Richtung Carvoeiro) | Tel. 2 82 34 21 81 | www.vinhosdoalgarve.pt/ | Di–Sa 10–13, 14–18 Uhr

TEXTILIEN
Bedspreads – The Portuguese Linen Store
Berühmt ist Portugal für die Herstellung hochwertiger Heimtextilien. Hier gibt es alles zum Fabrikpreis, die Auswahl ist riesig. Die Kundschaft besteht vorwiegend aus Einheimischen, was für ein gutes Preis-Leistungs-Verhältnis bürgt. Hand- und Badetücher, Vorhangstoffe, Kissen und Co. sind farbenfroh und aus reiner Baumwolle.
N 125/Beco Marques Pombal s/n | www.bedspreadsportugal.com

PORCHES E3
2000 Einwohner

Der Ort gilt als Zentrum der Keramikherstellung an der Algarve (▶ S. 104). Entlang der Nationalstraße und an der Nebenstrecke nach Armação de Pêra

Ein Postkartenidyll: Fischerboote schaukeln auf dem Rio Arade bei Ferragudo (▶ MERIAN TopTen, S. 98). Im Hintergrund buhlen die Fassaden des Dorfes um Aufmerksamkeit.

reihen sich Traditionstöpfereien aneinander.
15 km östl. von Portimão

EINKAUFEN
KERAMIK
Casa Algarve ▶ S. 38

◎ **SILVES** E3
11 000 Einwohner

In arabischer Zeit war Silves unter dem Namen Xelb Hauptstadt der Algarve. Damals lebten hier fast dreimal so viele Menschen wie heute. Xelb war nicht nur ein wichtiges Handelszentrum, sondern hatte auch große kulturelle Bedeutung und wurde in einem Atemzug mit den andalusischen Metropolen Granada und Córdoba genannt. Die landwirtschaftlichen und kunstgewerblichen Produkte aus Stadt und Umgebung wurden über den Rio Arade Richtung Atlantik verschifft. Nach der Reconquista, versandeten Fluss und Hafen allmählich. Damit war die Blütezeit von Silves vorbei. Heute wirkt die Stadt fast ein wenig museal mit ihren mittelalterlichen Baudenkmälern und steilen, kopfsteingepflasterten Gassen, die sich die Hänge unter der immer noch gewaltigen Burg hinaufziehen.
17 km nordöstl. von Portimão

SEHENSWERTES
★ **Castelo de Silves**
Die bereits in maurischer Zeit errichtete Burganlage galt mit ihrer doppelten Wehrmauer als fast uneinnehmbar. Riesige unterirdische Vorratsräume und zwei Zisternen ermöglichten es der Besatzung, ein Jahr lang einer

Silves war unter maurischer Herrschaft die Hauptstadt der Algarve. Heute kommen Besucher vor allem wegen der stattlichen Burg (▶ MERIAN TopTen S. 100).

Belagerung standzuhalten. Wer mag, kann den gesamten Mauerring, von dem man weit in die von Mandelhainen und Orangenplantagen geprägte Umgebung schaut, umrunden.
Rua do Castelo s/n │ Mitte Juni–Ende Sept. 9–19, sonst 9–17.30 Uhr │ Eintritt 2,80 €

Centro de Interpretação do Património Islâmico
Drei Themen, die repräsentativ für den islamischen Einfluss in der Region sind, werden hier vorgestellt. Es geht um die Verwendung von Backsteinen in der Architektur, um das Element Wasser, das in der maurischen Kultur eine wichtige Rolle spielte, sowie um die Dichtkunst, die in Silves durch den »König der Poeten« Al-Mutamid vertreten war. Möglicherweise dienten die Räumlichkeiten, die heute das Zentrum beherbergen, in arabischer Zeit als öffentliche Bäder.
Praça do Município s/n │ Tel. 2 82 44 08 00 │ Mo–Fr 10–13, 14–17 Uhr │ Eintritt frei

Sé Catedral
Gleich unterhalb der Burg steht die Kathedrale, die auf das 13./14. Jh. zurückgeht. Zuvor hatte an dieser Stelle vermutlich eine maurische Moschee gestanden. Die Sé Catedral gilt mit ihrem imposanten Spitzbogenportal als bedeutendste gotische Kirche der Algarve. Unter den Sarkophagen im Eingangsbereich ragt die Grabstätte von König João II. heraus, der 1495 unerwartet in Alvor gestorben war und zunächst in Silves beigesetzt wurde.
Rua da Sé s/n │ Mo–Fr 9–13, 14–18, Sa 9–13 Uhr │ Eintritt 1 €

MUSEEN UND GALERIEN
Museu Municipal de Arqueologia
Zentrales Ausstellungsstück des städtischen archäologischen Museums ist ein arabischer Brunnen (▶ S. 102). Ansonsten werden Exponate aus prähistorischer Zeit bis in die Neuzeit hinein gezeigt, wobei der Schwerpunkt auf der islamischen Epoche liegt, speziell auf der maurischen Keramik.
Rua das Portas de Loulé 14 │ Tel. 2 82 44 48 32 │ tgl. 10–18 Uhr │ Eintritt 2,10 €

ESSEN UND TRINKEN
RESTAURANTS
Marisqueira Rui
Edle Meeresfrüchte – Die schlichte Einrichtung lässt nicht vermuten, dass es sich hier um ein exquisites Seafood-Lokal handelt. Die Auswahl an Meeresfrüchten umfasst auch Languste und Hummer. Natürlich dürfen Algarve-Klassiker wie »cataplana« oder frischer gegrillter Fisch nicht fehlen.
Rua Comendador Vilarinho 27 │ Tel. 2 82 44 26 82 │ Mi–Mo 12–2 Uhr │ €€€

CAFÉS
Cafe & Companhia
Stets gut besuchte Konditorei mit netter Auswahl an Kuchen und Gebäck sowie leichten Gerichten. Innen ist es recht eng, dafür stehen draußen in der Fußgängerzone reichlich Tische.
Rua Elias Garcia 47 │ Tel. 9 65 09 78 27 │ tgl. geöffnet

SERVICE
AUSKUNFT
Posto de Turismo
Estrada Nacional 124 (südwestl. Ponte Romana, am Flussufer) │ Tel. 2 82 44 22 55 │ www.cm-silves.pt

Im Fokus
Das maurische Erbe

In Architektur und Alltagskultur der Algarve werden vielerorts Erinnerungen an das arabisch geprägte Mittelalter wach, auch wenn wirklich originale Zeugnisse aus jener Zeit kaum noch vorhanden sind.

Nach der Reconquista wandelten die christlichen Eroberer alle Moscheen rasch in Kirchen um. Lediglich hier und da fußt ein Kirchturm noch erkennbar auf einem Minarett, etwa bei der Igreja Matriz de São Clemente in Loulé (▶ S. 65). Die Burgen der Mauren hatten bessere Chancen, erhalten zu bleiben. Oft wurden sie von den Kreuzrittern weiter genutzt und erst im Verlauf der Jahrhunderte durch Um- und Ausbau verändert.

AUSGEKLÜGELTE BEWÄSSERUNGSSYSTEME

Meist fällt heute die Unterscheidung schwer, welche der Wehrmauern noch aus vorchristlicher Zeit stammen und welche nicht. Von den märchenhaften Palästen der Maurenherrscher, die es auch an der Algarve nachweislich gegeben hat, blieben nur Fundamente, mit denen sich heute die Archäologen befassen.

In der damaligen Hauptstadt Silves, die in vieler Hinsicht mit Granada und Córdoba auf einer Stufe stand, fanden in den 1980er-Jahren Grabun-

◀ Blau-weiße »azulejos« zieren die Igreja do São Lourenço (▶ S. 12).

gen am Rand der Stadtmauer statt, an die sich unter almohadischer Herrschaft der Festungspalast Alcáçova schmiegte. Dabei fand man das wohl schönste Überbleibsel aus maurischer Zeit an der Algarve, einen Brunnen, um den sich heute im Museu Municipal de Arqueologia von Silves alles dreht. An Ort und Stelle entdeckt, gab er Anlass zum Bau des Museums, in dessen Eingangsbereich er in zentraler Position zu bewundern ist. Vermutlich entstand er um das Jahr 1200, ebenso wie ein benachbarter Wehrturm. Die halb als Schöpfbrunnen, halb als Zisterne konzipierte und aus Stein gemauerte Anlage war Teil eines ausgeklügelten Bewässerungssystem, das die Stadt mit Trinkwasser versorgte. Ganz ungewöhnlich und vielleicht ein Erbe aus römischer Zeit: Eine ins Mauerwerk eingelassene Wendeltreppe schraubt sich spiralförmig um den 18 m tiefen Schacht hinab. Drei Fenster erlaubten es, je nach Pegelstand des Grundwassers auf Augenhöhe an den Wasserspiegel heranzutreten. Bis Mitte des 15. Jh. scheinen die Christen den Brunnen weiter genutzt zu haben.

MAULTIERE IM EINSATZ

Viel bescheidener fielen die »noras« aus, maurische Wasserhebewerke zur Bewässerung von Feldern, die in fast unveränderter Form noch bis in die 1980er-Jahre an der Algarve in Betrieb waren. Mit verbundenen Augen im Kreis gehende Esel oder Maultiere setzten ihre Schöpfräder in Bewegung. Die Ruinen sind vielerorts noch zu sehen, etwa am südlichen Fuß des Kalkfelsens Rocha da Pena zwischen den kleinen Orten Penina und Rocha (▶ S. 132). Ein gut erhaltenes, handbetriebenes Exemplar können Touristen auf dem Kirchplatz des malerischen kleinen Festungsortes Cacela Velha bewundern, der auf einem Hügel zwischen Monte Gordo und Tavira die Ria Formosa überragt. Auch die »levadas«, schmale Bewässerungskanäle, gelten allgemein als maurisches Erbe. Dabei existierte wohl schon in der Römerzeit ein Netz ähnlicher Rinnen, die das Wasser von einer Quelle oft über viele Kilometer hinweg bis zu Obst- und Gemüsekulturen leiteten. Die wohl bekannteste Levada der Algarve verläuft westlich von Silves mehr oder weniger parallel zum Rio Arade. Wanderer nutzen gern den Pfad an ihrer Seite.

Auch wenn die wirklich großen Schätze arabischer Architektur verschwunden sind, so haben doch viele ursprünglich aus Nordafrika oder gar Vorderasien stammende Details Einzug in die portugiesische Kunst erhalten. An der Algarve konnten sie in den verschiedensten Stilrichtungen immer wieder aufleben. Das Paradebeispiel für diesen Kulturtransfer sind die »azulejos«, bunte Keramikfliesen, die in Kirchen und Palästen, aber auch im öffentlichen Raum als Zierelemente allgegenwärtig sind. Die Mauren nannten sie »al-zulayi« (kleine Steine). Seinerzeit handelte es sich noch um einfarbige Fliesen, die zu geometrischen Mustern kombiniert wurden, oder um bunt, aber durchweg ornamental mit Pflanzenmotiven gestaltete Exemplare.

RENAISSANCE DER FLIESENKUNST

Erst in christlicher Zeit fügten Kunsthandwerker sie zu riesigen Wandteppichen mit monumentalen bildlichen Darstellungen zusammen, die in der Barockzeit (17./18. Jh.) zu voller Blüte kamen. Kirchen wurden auf diese Weise mit Szenen aus dem Leben des Ortspatrons ausgekleidet, Festsäle und Terrassen von Adelspalästen mit Jagdszenen oder Darstellungen üppiger Tafelgelage verschönert. Die wohl eindrucksvollsten Beispiele finden sich in der Kirche São Lourenço bei Almancil (▶ S. 12) und im Garten des Palácio de Estói (▶ S. 62). Eine Renaissance erlebte die Fliesenkunst zu Beginn des 20. Jh. in der Zeit des Jugendstils, als sie vom Bürgertum entdeckt wurde. Fortan verzierten Privatleute ihre Hauswände, Wirte ihre Restaurants und Cafés, Gemeinden ihre Stadtparks und Promenaden mit »azulejos«, die bevorzugt Szenen aus dem Alltagsleben abbildeten. An den kleinen Häusern der Fischer und Bauern ist häufig der Familienheilige auf Fliesen dargestellt. Nachdem auch diese Mode abgeebbt war, gab es in jüngerer Zeit ein weiteres Revival der »azulejos«. Heute schmücken Bankhäuser, Hotels und Museen ihre Fassaden mit bunten Fliesenbildern in abstrakt-modernem Design.

LEBENDIGE TRADITIONEN

Auch andere Formen der Keramik gehen in ihrem Ursprung auf maurische Vorbilder zurück, wie archäologische Funde und Vergleiche mit zeitgenössischen Tonwaren aus Nordafrika auf den ersten Blick zeigen. In Porches, dem Zentrum der Tonwarenherstellung an der Algarve, bemalen die Keramiker bäuerliches Essgeschirr nach wie vor mit arabisch anmutenden Blumenmustern. Bevorzugt verwenden sie die Farben Blau und Grün auf weißem Grund, streuen aber auch einmal rote oder gelbe Tupfer ein.

Bei den »chaminés«, den originellen Kaminen der traditionellen Algarve-Häuser, verbirgt sich ebenfalls eine Tonkonstruktion unter dem weißen

Kalkanstrich. Auch sie gehen ursprünglich auf das maurische Mittelalter zurück. Ihr fein ziseliertes Gitterwerk erinnert an Scherenschnittmuster. Kaum zwei Schornsteine gleichen einander, denn ihre Gestaltung hing von den Wünschen des Auftraggebers und natürlich auch von dessen Geldbeutel ab. Der Keramikmeister stellte zunächst klar, für wie viele Arbeitstage der Kunde bereit war zu zahlen. Je nachdem fiel das Ergebnis dann eher schlicht oder höchst aufwendig dekoriert aus. So diente der »chaminé« nicht nur als Rauchabzug des Küchenofens, sondern hatte auch eine repräsentative Funktion und erfüllte seinen Besitzer mit Stolz.

FILIGRANE SCHORNSTEINE

An der Algarve wird oft erzählt, bei den Kaminen handele es sich um verkleinerte Modelle von Minaretten. Die nach der Reconquista oft eher unfreiwillig zum Christentum konvertierten Mauren hätten diese aus Protest auf ihre Häuser gesetzt. So schön diese Erklärung sein mag, ist sie wohl eher ins Reich der Legende zu verweisen. Jeder, der die ganz ähnlichen Schornsteine etwa in Tunesien kennt, wird dies bestätigen. Die schönsten alten Exemplare der Algarve sind übrigens im Landesinneren zu bewundern, in Orten wie Monchique, Alte, Querença oder Martim Longo. Ungebrochen setzt sich die Tradition heute fort. Privathäuser und Hotels werden nach wie vor mit »chaminés« geschmückt, obwohl diese ihren eigentlichen Zweck oft gar nicht mehr erfüllen. Eine Ziegelei in Lagos bedient diesen Bedarf.

MODERNE BEZÜGE

Aktuell spielt der Islam in Portugal kaum eine Rolle. Die muslimische Gemeinschaft wird auf rund 40 000 Menschen geschätzt, was einem Bevölkerungsanteil von 0,4 % entspricht. Davon stammen die meisten aus den ehemaligen portugiesischen Kolonien Guinea-Bissau und Mosambik, wobei die Vorfahren Letzterer ursprünglich großenteils vom indischen Subkontinent kamen. Nach Nordafrika hingegen, von wo die Mauren im 8. Jh. an die Algarve übergesetzt waren, bestehen kaum Verbindungen. Hier und da betreiben Marokkaner einen »halal«-Laden und in Faro und Portimão gibt es jeweils eine Moschee. In Andalusien gestaltet sich dies etwas anders: Vor allem im Umfeld der Universität von Granada haben sich junge Intellektuelle aus der links-alternativen Szene auf die Suche nach ihren Wurzeln und einer neuen spirituellen Heimat begeben. So ist es zu einer Welle von Übertritten vom Christentum zum Islam gekommen. In Südportugal hingegen blieb das Interesse bislang gering.

DIE COSTA VICENTINA

Die Westküste der Algarve steht mit ihren Felsklippen und einsamen Stränden als Parque Natural unter Schutz. Inmitten karger Landschaft erheben sich die Festung Heinrichs des Seefahrers und der Leuchtturm am sturmumtosten Cabo de São Vicente.

Nicht nur die steilen Felsen an der Atlantikküste begeistern, sondern auch das dünn besiedelte Hinterland. Ornithologen können hier Vögel beobachten, Botaniker entdecken eine reiche Flora. Während andernorts Besiedlung und Landwirtschaft die Natur zurückgedrängt haben, findet man an der Costa Vicentina noch Ecken mit ursprünglicher Natur.

SONNENUNTERGANG AUF STEILKLIPPEN

Diese lässt sich bestens auf einem **Fernwanderweg** erkunden, der sich an der gesamten Küste entlangzieht. Speziell westlich von Vila do Bispo, auf dem Weg nach Sagres, verändert sich die Landschaft dramatisch, sie präsentiert sich flachwellig und lediglich mit einigen vom Wind verbogenen Sträuchern bewachsen. Ab und zu begegnet man einer Schafherde oder ein paar Ziegen. Am Cabo São Vicente 9 endete die Welt, so der all-

◀ Am Cabo de São Vicente (▶ MERIAN TopTen, S. 113) endet zwar nicht die Welt, aber Europa.

gemeine Glaube im Mittelalter. Seit 1846 steht auf den 60 m hohen Steilklippen am Kap ein Leuchtturm und im Sommer ist es Kult, hier den Sonnenuntergang zu erleben und die »letzte Bratwurst vor Amerika« zu genießen. Nahebei in der Festung von Sagres soll Heinrich der Seefahrer seine berühmte Nautikerschule betrieben haben. Auch wenn dies nicht gesichert ist: Einen Besuch lohnt der exponierte Ort allemal. Die steten, teils stürmischen Winde sorgen an der Costa Vicentina, insbesondere an den Stränden von Carrapateira, für wunderbare Wellen, die fast das ganze Jahr über die Wellenreiterszene anziehen – und das ist ein Spektakel für sich.

ALJEZUR

B 2

3400 Einwohner

Aljezur wurde schon unter maurischer Herrschaft gegründet. Damals war der gleichnamige Fluss noch bis hierher schiffbar. Allgemeiner Treffpunkt ist heute die gut bestückte Markthalle (»mercado municipal«) mit dem angrenzenden Marktcafé am Ostufer, zwischen der planmäßig angelegten Neustadt und der malerischen, gepflegten Altstadt gelegen. Letztere zieht sich einen Hügel westlich vom Rio Aljezur hinauf. Weiß getünchte Häuser säumen die schmalen Gassen.

SEHENSWERTES

Castelo de Aljezur

Die Burgruine überragt den alten Ortsteil. Mitte des 13. Jh. eroberten christliche Heere das Castelo von den Mauren zurück, seither ziert es als eine von sieben Burgen das portugiesische Wappen. Schon um das Jahr 1500 war es allerdings völlig zerfallen. Zwar ließ König Manuel I. damals die Außenmauern wiederherstellen, doch dem großen Erdbeben von 1755 fiel die Burg dann endgültig zum Opfer. Im 20. Jh. erfolgte eine Teilrestaurierung des Gemäuers. Von der Anlage genießt man einen schönen Blick auf Aljezur und das angrenzende fruchtbare Tal, in dem die berühmten Süßkartoffeln von Aljezur kultiviert werden.

Rua Dom Paio Peres Correia s/n | frei zugänglich

ÜBERNACHTEN

Hotel Vale da Telha

Engagiert geführt – Das Hotel hat zwar nur zwei Sterne zu bieten, Service und Komfort liegen aber deutlich darüber. Wo wird in dieser Kategorie etwa das Frühstück in Buffetform serviert? Die schlicht, aber liebevoll eingerichteten Zimmer verfügen sämtlich über einen kleinen Balkon. Weitere Pluspunkte: die schöne Poolanlage und das maurisch inspirierte Restaurant.

Vale de Telha | Tel. 2 82 99 81 80 | www.valetelha.pt | 26 Zimmer | €€
8 km westl. von Aljezur

Wollen Sie's wagen?

Esel können durchaus störrisch sein, aber auch liebenswert und geduldig. In näheren Kontakt zu den Grautieren kommen Sie auf den Wanderungen mit Sofia von Mentzingen durch die liebliche Umgebung von Aljezur. Erwachsene führen »ihren« Esel, Kinder dürfen auch reiten. Für Einsteiger werden eineinhalbstündige Kurztouren angeboten, wobei die Variante »wild« durchaus eine gewisse Herausforderung darstellen kann.

Aljezur | Vale das Amoreiras | Tel. 2 82 99 50 68 | www.eselwandern-algarve.blogspot.de | je Esel (1–3 Pers.) 35 €

ESSEN UND TRINKEN
RESTAURANTS
Pont' a Pé
Authentisch – Das einfache Restaurant serviert ehrliche Hausmannskost. So wird es auch von Einheimischen vor allem mittags gern besucht. Die günstigen Tagesmenüs wechseln je nach Marktlage. Abends oft Livemusik, dann lohnt es auch, sich auf einen Drink hier niederzulassen.
Largo da Liberdade 12 | Tel. 2 82 99 81 04 | Mo–Sa 10–23 Uhr | €

Ruth O Ivo
Landestypisch – In unspektakulärem Rahmen wird ehrliche Küche geboten. Frischer Fisch und Muscheln können an der Kühlvitrine ausgesucht werden. Auch hier stehen günstige Tagesgerichte auf der Karte.
Rua 25 de Abril | Tel. 2 82 99 85 34 | tgl. | €

EINKAUFEN
KULINARISCHES
Evangelista de Oliveira ▶ S. 38

SERVICE
AUSKUNFT
Posto de Turismo
Rua 25 de Abril 62 | Tel. 2 82 99 82 29 | www.cm-aljezur.pt

Ziele in der Umgebung

◉ ARRIFANA   B 2
Die aus Ferienhäusern bestehende Ansiedlung ist nur im Sommer bewohnt. Der von schrägen Felswänden begrenzte Strand zeichnet sich durch außergewöhnliche Schönheit aus. An der Landspitze erhebt sich die Festung Fortaleza da Arrifana (17. Jh.), von der nur das Portal erhalten blieb. Ein genialer Aussichtspunkt.
8 km südwestl. von Aljezur

◉ CARRAPATEIRA   B 3
250 Einwohner
Hauptattraktion des noch sehr ursprünglich wirkenden Dorfes ist die nahegelegene, etwa 1,5 km lange Praia do Amado. Sie eignet sich in idealer Weise zum Wellenreiten, weshalb sich eine entsprechende Szene hier eingerichtet hat. Am Nordrand des Strandes ermöglicht ein »miradouro« spektakuläre Blicke auf die bizarren, vielfarbigen Gesteinsformationen der angrenzenden Felsküste. Eine Autobar serviert Kaffee und kühle Getränke.

Urlauber genießen das Leben in Carrapateira (▶ S. 108). Das winzige Dorf erfreut sich besonders bei Individualreisenden und Wellenreitern großer Beliebtheit.

Ansonsten gibt es keine Infrastruktur. Von der Praia do Amado führt ein asphaltierter Fahrweg zur Ponta do Castelo hinauf. Am dortigen Aussichtspunkt, den ein Holzplankenweg erschließt, sind Fundamente einer maurischen Fischersiedlung aus dem 12. Jh. zu sehen. Nebenan liegt die Häusergruppe Sítio do Forno hoch über einem winzigen Hafen, wo die Fischer von heute ihre kleinen bunten Boote an Land ziehen. Auf einer holprigen Piste kann man oberhalb der **Steilküste** des Pontal, einer in den Atlantik vorgeschobenen, breiten Landzunge, weiterfahren. Plankenwege führen immer wieder einmal zu weiteren »miradouros«. Wer mag, kann diese einsame Gegend auch zu Fuß oder mit dem Mountainbike erkunden. Nördlich schließt ein weiterer attraktiver Strand an den Pontal an, die 3 km lange, von einer ausgedehnten Dünenlandschaft gesäumte Praia da Bordeira. Sie wird von den breiten Massen kaum beachtet und bietet dementsprechend reichlich Platz auch für Individualisten.

21 km südwestl. von Aljezur

ÜBERNACHTEN
Aldeia da Pedralva ▶ S. 24

ESSEN UND TRINKEN
Sítio do Forno

Aussichtslokal – Hoch über den Klippen thront eine schöne, überdachte Terrasse. Dort werden Meeresfrüchte und frischer Fisch serviert. Die Qualität der Speisen ist gut und die Portionen sind groß.

Sítio do Forno | Tel. 2 82 97 39 14 | Di–So 12–22 Uhr | €€

Immer noch rätseln Experten, was es mit der riesigen Windrose bei der Fortaleza de Sagres (▶ MERIAN TopTen, S. 111) genau auf sich hat.

ODECEIXE C1
1000 Einwohner

Etwas abseits der Küste liegt, in ein flaches Tal eingebettet, dieser eher selten besuchte Grenzort zur Region Alentejo. Die 4 km entfernte Praia de Odeceixe ist eine breite, hellsandige Landzunge zwischen der Mündung der Ribeira de Seixe und dem Meer. Vor allem im Sommer erfreut sie sich großer Beliebtheit bei einem jungen, auch deutschsprachigen Publikum. Auf der Atlantikseite wird gesurft, auf der Flussseite Kajak gefahren.

14 km nördl. von Aljezur

ESSEN UND TRINKEN
Taberna do Gabão

Rustikal – Der Küchenchef der ländlichen Taverne hat sich auf authentische Fisch- und Fleischgerichte spezialisiert. z. B. »feijoada com chocos« (Bohnen mit Tintenfisch). Die Einrichtung des populären Lokals wird von sehenswerten Keramikarbeiten geprägt. Wandgemälde und offen ausgestellte Weinregale sorgen für zusätzliche Gemütlichkeit. Aktuelle Angebote finden sich auf einer Tafel.

Rua do Gabão 9 | Tel. 2 82 94 75 49 | Mi–Mo 12–15 und 18–22 Uhr | €€

SERVICE

AUSKUNFT
Posto de Informação Turística
Praia de Odeceixe | Tel. 2 82 94 72 55 | Okt.–Juni geschl.

SAGRES A 4
1900 Einwohner

Der ehemalige Fischer- und Walfängerort hat sich inzwischen zu einer beschaulichen Urlaubersiedlung entwickelt. Ferienwohnungen und kleine Pensionen ziehen vorwiegend einheimische Familien und junge Traveller an. Berühmt wurde Sagres durch die legendäre Seefahrerschule von Infante Dom Henrique, im deutschsprachigen Raum besser bekannt unter dem Namen Heinrich der Seefahrer, die sich im 15. Jh. in der Nähe befunden haben soll. Der Ort selbst hatte hingegen schon damals nur wenige Bewohner. Zu unfruchtbar ist der Boden in der Umgebung, zu launisch das Wetter. Einzig ein paar Franziskanermönche fristeten an dieser Stelle zu Zeiten Heinrichs des Seefahrers ein bescheidenes Dasein. Übrigens betrieb Portugals Marktführer unter den Bierproduzenten weder in der Ortschaft noch in ihrer Nähe jemals eine Brauerei. Das in Vila Franca de Xira (bei Lissabon) beheimatete Unternehmen wählte den Markennamen »Sagres« lediglich wegen seines Bekanntheitsgrads. Bis heute liegt ein Hauch von Abgeschiedenheit über dem Ort.

SEHENSWERTES

 Fortaleza de Sagres (Vila do Infante)

Auf der Landspitze Ponta de Sagres erhebt sich die mächtige Festung, die auf Heinrich den Seefahrer zurückgeht. Er soll hier seine legendäre Nautikerschule gegründet haben, von der auch heute noch unklar ist, ob sie wirklich existiert hat. Allerdings verstarb er bereits 1460 in Sagres, während der heutige Bau aus dem 16. Jh. stammt. Innerhalb der Wehrmauern befindet sich die Kapelle Nossa Senhora da Garça. In einem Vorgängerbau soll Heinrich gebetet haben. Hauptattraktion ist jedoch die riesige **Steinwindrose** vor der Kapelle. Sie diente vielleicht als Grundlage für nautische Berechnungen, gibt aber nach wie vor Rätsel auf. Ungewöhnlich ist ihre Unterteilung in 42 statt der bei normalen Windrosen üblichen 32 Segmente.

Ein sorgfältig angelegter Panoramaweg führt von der Windrose entlang der Steilküste über ein verkarstetes, zerfurchtes Plateau bis zu einem Leuchtturm. Aus sandigen Ritzen im Gestein sprießt hier im Frühjahr eine blütenreiche Flora. Dort blickt man weit bis zum Cabo de São Vicente. An der oberen Kante der Steilküste sitzen stets einige Angler, denn das Meer gilt an dieser Stelle, wo verschiedene Wasserströmungen zusammentreffen und oft für aufgewühlte See sorgen, als besonders fischreich. Dementsprechend lassen sich auch zahlreiche Wasservögel beobachten. Während der Zugvogelsaison im Frühjahr und Herbst überfliegen gewaltige Schwärme verschiedenster Arten die Landspitze auf dem Weg von oder nach Afrika.

Ponta de Sagres, N 268 | www.cultalg.pt/sagres | Nov.–März 9–17.30, April–Okt. 9.30–18.30, Mai, Juni, Sept. 9.30–20, Juli, Aug. 9.30–20.30 Uhr | Eintritt 3 € | 1 km südl. von Sagres

Porto da Baleeira

Die geräumige Hafenbucht ist durch Kaianlagen und kleine Felsinseln untergliedert. Oben vom Ort aus betrachtet, gibt sie mit den vielen bunten Booten, die hier vor Anker liegen, ein malerisches Bild ab. Unten am Wasser lässt sich noch authentische Fischeratmosphäre schnuppern. Wie der Name (»baleeira« = port. Walfängerin) andeutet, waren hier früher Walfangboote stationiert. Heute starten im Hafen Ausflugsfahrten zur Beobachtung von Walen und Delfinen.

ÜBERNACHTEN

Pousada do Infante/Pousada de Sagres

Gediegenes Ambiente – Die Pousada liegt einzigartig über den Klippen. Architektonisch ist das 1960 errichtete Gebäude einer historischen Festung nachempfunden. Das hauseigene Restaurant legt den Schwerpunkt auf Fisch und Meeresfrüchte.
Ponta da Atalaia | Tel. 2 82 62 02 40 | www.pousadas.pt | 51 Zimmer | ♿ | €€€

ESSEN UND TRINKEN

A Sagres ▶ S. 28

Tasca do Porto

Fisch am Hafen – Das maritim dekorierte Lokal punktet mit seiner besonders schönen Lage über der Bucht von Sagres. Von der Terrasse bietet sich ein hervorragender Ausblick über den Hafen. Gute portugiesische Fischküche. Sowohl die »cataplana« mit Meeresfrüchten als auch die mit Fleisch bestückte Version sind sehr zu empfehlen.
Porto da Baleeira | Tel. 2 82 62 41 77 | Mi. geschl. | €€

SERVICE

AUSKUNFT
Posto de Turismo
Avenida Comandante Matoso s/n/ Jardim de Sagres | Tel. 2 82 62 48 73 | www.cm-viladobispo.pt

Ziele in der Umgebung

◎ BURGAU   B3
450 Einwohner

Das weiße Dorf, dessen Häuser wie ineinander verschachtelt wirken, thront über einem hellsandigen Strand. Dort ziehen immer noch ein paar Fischer ihre Boote an Land. Ansonsten lebt man im Ort vom Individualtourismus. Die meisten Urlauber quartieren sich hier in Ferienwohnungen oder -häusern ein. Hügel schützen die Praia de Burgau vor kräftigen Nordwestwinden, daher eignet sie sich besser zum Baden als die meisten anderen Strände im Westen der Algarve. In den Sommermonaten ziehen einige Bars und Cafés im Ort abends ein junges Publikum an.
22 km östl. von Sagres

ÜBERNACHTEN

Quinta do Mar da Luz

Landhausstil – Die große und doch recht idyllische Ferienanlage besteht aus mehreren Häusern mit Apartments und Zimmern in einem liebevoll gepflegten Garten mit drei Pools und gemütlichen Sitzgelegenheiten.
Praia da Luz, Sítio Cama da Vaca | Tel. 2 82 69 73 23 | www.quintamarluz.com | 90 Zimmer | €€€
2 km östl. von Burgau

Je weiter man an der Algarve nach Westen kommt, umso ursprünglicher sind die Dörfer. In Burgau (▶ S. 112) verbreiten zahlreiche Fischerboote nostalgischen Charme.

◎ CABO DE SÃO VICENTE A3

Das Kap ist der südwestlichste Punkt des europäischen Festlandes. Für die Menschen im Mittelalter endete hier die Welt. Seit 1846 steht ein Leuchtturm auf den rund 60 m hohen Klippen. Man hat ihn in einem wenige Jahre zuvor aufgelösten Hieronymitenkloster, dem Convento do Corvo, errichtet. Bis 1926 wurde er mit Öl befeuert, heute funktioniert er elektrisch. Lange Zeit war er der leuchtstärkste Turm Europas. Auf bis zu 90 km Entfernung könnte man Linsen und Kristalle einstellen.

Cabo de São Vicente | Di–So 10–18, Okt.–März bis 17 Uhr, Mo geschl. | Eintritt 3 €
7 km westl. von Sagres

Sonnenuntergang

Spektakulär versinkt der rot glühende Sonnenball abends Richtung Westen im Atlantik. Erleben Sie dieses Naturschauspiel auf Klappstühlen über den Klippen und einem Glas Rotwein in der Hand (▶ S. 15).

Importe aus Deutschland machen »Die letzte Bratwurst vor Amerika« (▶ S. 114) zu einem Wallfahrtsort für Karnivoren. Betrieben wird der Imbiss von einem fränkischen Paar.

ESSEN UND TRINKEN
IMBISS
Letzte Bratwurst vor Amerika
Seit 1996 grillen Petra und Wolfgang aus Nürnberg in ihrem Imbiss am Parkplatz vor dem Leuchtturm die »letzte Bratwurst vor Amerika«, die bereits Kultstatus genießt. Außer Nürnbergern gibt es auch Thüringer Bratwurst. Für beide gilt, dass es sich um Originalprodukte handelt, sie also nicht bloß nach Nürnberger oder Thüringer Art gemacht sind!
Cabo de São Vicente | www.letzte bratwurst.com | Nov–März geschl.

ERMIDA DE NOSSA SENHORA DE GUADALUPE B3
In einem flachen grünen Tal steht ein wenig abseits der Landstraße eines der interessantesten Gotteshäuser der Algarve, das auch Heinrich der Seefahrer aufgesucht haben soll. Aus gotischer Zeit stammen noch die Spitzbögen wie auch rätselhafte Fratzen im Innenraum, etwa ein Stier- und ein Menschenkopf, die als Symbole der Evangelisten Lukas und Matthäus gelten. Die Legende besagt, dass die Einsiedelei zu Beginn des 14. Jh. von aus Frankreich geflohenen Tempelrittern be-

Cabo de São Vicente – Vila do Bispo | 115

gründet wurde, um hier eine schwarze Madonna zu verehren. Offiziell kam der Kult der Guadalupe aber erst 1340 nach Portugal. Die Originalstatue (vielleicht bereits eine Kopie) wurde 1989 gestohlen. In der 2008 renovierten Ermida befindet sich nun eine moderne Replik. Nebenan befasst sich ein Informationszentrum in einem Bauernhaus mit der Marienverehrung.
N125 | www.cultalg.pt | Mai–Sept. Di–So 9.30–13, 14–18.30, Okt.–April Di–So 9–13, 14–17.30 Uhr | Eintritt 2 €
14 km nordöstl. von Sagres

FORTALEZA DE BELICHE A 4
Die kleine Festung wurde in exponierter Lage über der Steilküste an der Straße zum Cabo de São Vicente errichtet. Lange war der Zugang gesperrt, da sie ins Meer abzurutschen drohte. Jetzt ist sie restauriert, zurzeit finden hier gelegentlich Kunstausstellungen statt. Vom Vorplatz ergibt sich ein schöner Blick auf die nahe gelegenen Felsklippen. Hinter der Außenmauer der Festung führt ein steiler Treppenweg zum Wasser hinunter, den vorwiegend Fischer nutzen. Vorsicht: Es gibt kein Geländer.
Mo geschl.
5 km westl. von Sagres

VILA DO BISPO B 3
1000 Einwohner
Die Kleinstadt, die auch als Verwaltungssitz für Sagres dient, zeichnet sich durch eine auffällig geschlossene Bebauung aus. Ein Wasserturm ragt als Wahrzeichen mitten heraus. Es lohnt sich, durch die Gassen des Zentrums zu schlendern und einen Blick auf die klassischen Algarve-Häuser sowie auf die im 16. Jh. erbaute Kirche zu werfen. Rings um den Ort wird Viehwirtschaft betrieben.
10 km nordöstl. von Sagres

SEHENSWERTES
Monumentos megalíticos
Im östlichen Nachbarort Raposeira sind an der Landstraße die »monumentos megalíticos« ausgeschildert. Man folgt einer Nebenstrecke zunächst Richtung Süden, hält sich an einer Gabelung links und an der nächsten Abzweigung rechts. Die archäologische Stätte befindet sich auf einem flachen Hügel. Bei dessen höchstem Punkt führt links ein Trampelpfad an einer Gipfelsäule vorbei zu den Menhiren aus der Zeit der Megalithkultur (um 3000 v. Chr.). Zwei undeutliche Reihen von umgestürzten, zerbrochenen »Hinkelsteinen« bilden hier eine Steinallee. Wahrscheinlich waren die Menhire Stätten religiöser Rituale. Rund um Vila do Bispo wurden viele weitere dieser Steinstelen gefunden, Auskünfte dazu erteilt der Posto de Turismo in Sagres (s. o.).
Eintritt frei

ESSEN UND TRINKEN
RESTAURANTS
Ribeira do Poço
Hausmannskost – Rustikal eingerichtetes Restaurant mit Terrasse an der Hauptstraße. Hier gibt es noch klassische Algarve-Küche wie »lapas« (Napfschnecken), »arroz de tamboril« (Seeteufelreis), »bacalhau« und manchmal auch »percebes« (Entenmuscheln).
Rua Ribeira do Poço 11 | Tel. 2 82 63 90 75 | www.ribeiradopoco.com | Mo geschl. €€

DIE SERRAS

Das Hinterland ist im Vergleich zur Küste touristisch kaum erschlossen. Je weiter man sich vom Meer entfernt, umso ursprünglicher zeigen sich Orte und Dörfer, etwa das Kunsthandwerkerzentrum Monchique oder Alte mit seinen berühmten Quellen.

Die Region Algarve wird im Norden von Gebirgszügen begrenzt: von den Höhenzügen der Serra de Alceria do Cume und der Serra do Caldeirão im Osten sowie der Serra de Monchique im Westen. Ihnen allen ist ein sanfter Mittelgebirgscharakter gemein, wobei die Serra de Monchique mit dem 902 m hohen Fóia 🔟 den höchsten Berg aufzuweisen hat. Bergsteiger werden hier sicher nicht ihr Revier finden.

VERLASSENE BERGWELTEN

Für beschauliches Wandern oder Eintauchen in eine sympathisch ursprüngliche Welt taugen die »Gebirge« allemal. Während die Berge selbst recht menschenleer sind, liegen die urigen Dörfer an den südlichen Abhängen. Lange Zeiten der Armut – und in jüngerer Vergangenheit auch die Landflucht – haben die Siedlungsstruktur geprägt.

◄ Bei Marmelete (► S. 125) gedeihen die portugiesischen Korkeichen.

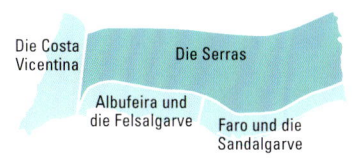

Mit einem sanften Tourismus kam ein bescheidener Aufschwung, der einigen Bewohnern das Auskommen sichert, was ihnen die Bewahrung ihrer Traditionen ermöglicht. Nach wie vor spielt aber Landwirtschaft die Hauptrolle. Auf den steinigen Flanken gedeihen Öl- und Johannisbrotbäume sowie Mandelsträucher. Auch Feigen werden geerntet, sie gibt es getrocknet auf jedem Markt. Wie aus vergangenen Zeiten in die Gegenwart gerettet wirken die **malerischen Dörfer** Salir und Alte. Aber auch Monchique als bäuerliches und handwerkliches Zentrum hat seine Reize. Geschützte Landschaften sind der Felsen Rocha da Pena mit seiner vielfältigen Flora und Fauna und das idyllische Flusstal der Fonte Benémola, in dem dank des Wasserreichtums eine erstaunlich üppige Pflanzenwelt zu finden ist.

ALCOUTIM ⚑ L1

900 Einwohner

Heute geht es in der winzigen Stadt sehr ruhig zu. Kaum zu glauben, dass sie dank ihrer Lage am Grenzfluss Rio Guadiana jahrhundertelang eine wichtige strategische Rolle spielte. Häufig kam es hier zu bewaffneten Auseinandersetzungen zwischen Portugal und Spanien. 1371 wurde sogar ein bedeutender Friedensvertrag (»Tratado de Alcoutim«) zwischen den beiden Nationen in Alcoutim abgeschlossen.

SEHENSWERTES

Castelo de Alcoutim

Nachdem Alcoutim 1240 von christlichen Truppen erobert worden war, entstand die heutige Burg im damals üblichen Baustil der Gotik. Noch bis ins 17. Jh. hinein erfolgten immer wieder Aus- und Umbauten. Im 18. Jh. verlor das Castelo schließlich seine Funktion und blieb nur als Ruine erhalten.

Largo do Castelo s/n | April–Sept. tgl. 9.30–19, Okt.–März 9.30–17.30 Uhr | Kombiticket mit Museu do Rio 2,50 €

MUSEEN UND GALERIEN

Museu do Rio

Das »Flussmuseum« widmet sich dem Rio Guadiana, der träge an dem Dorf Guerreiros do Rio vorbeifließt. Es zeigt anhand von Fotos, Schautafeln, Fanggerät und Bootsmodellen, wie die Fischer früher lebten und arbeiteten. Unter anderem fingen sie Störe, die allerdings seit Ende der 1970er-Jahre am Rio Guadiana als ausgerottet gelten.

Guerreiros do Rio | April–Sept. tgl. 9.30–13, 14.30–18, Okt.–März 9–13, 14–17 Uhr | Kombiticket mit Castelo de Alcoutim 2,50 €

8 km südl. von Alcoutim

ESSEN UND TRINKEN
O Soeiro
Typische Landküche – Die einfache Bar mit Restaurantbetrieb im Obergeschoss liegt gleich unterhalb der Kirche. Hier gibt es deftige Tagesgerichte: gegrilltes Huhn, Lammkotelett oder »bacalhau«.
Rua do Município 4 | Tel. 2 81 54 62 41 | tgl. geöffnet | €

SERVICE
AUSKUNFT
Posto de Turismo
Rua 1º de Maio s/n | Tel. 2 81 54 61 79 | www.cm-alcoutim.pt

Ziele in der Umgebung

CACHOPO
700 Einwohner

Das entlegene Bergdorf in der Serra do Caldeirão gilt als äußerst ursprünglich und hat sich seine ländliche traditionelle Kultur bestens bewahrt. Wer die »andere« Algarve kennenlernen möchte, ist hier goldrichtig. Kleine, einstöckige Häuser, schneeweiß angestrichen und von dem regionaltypischen Schornstein gekrönt, trotzen der Winterkälte ebenso wie der sommerlichen Hitze. Der Ort ist für seine **Kunsthandwerker** berühmt, die sich der Herstellung von Webarbeiten aus Wolle und Leinen widmen. Auch werden in der Umgebung Kork und Honig gewonnen.
45 km südwestl. von Alcoutim

ESSEN UND TRINKEN
A Charrua
Großes Ausflugsrestaurant – Das geräumige Lokal füllt sich vor allem an den Wochenenden mit einheimischen Familien, die hier die Wildspezialitäten, etwa Wildschweinbraten, genießen. Zum Abschluss des Essens werden üppige Desserts gereicht.
Rua Padre Júlio Alves de Oliveira 44 | Tel. 9 18 46 57 89 | tgl. geöffnet | €

EINKAUFEN
TEXTILIEN
A Lançadeira
Kunsthandwerker ermöglichen einen Blick in ihre Werkstätten und verkaufen von Hand gewebte Textilien.
Rua Escola 21 | Tel. 2 89 84 42 54

FOZ DE ODELEITE
An der Mündung der Ribeira de Odeleite in den Rio Guadiana gelegen und von reizvoller Landschaft umgeben, hat sich das Flussfischerdorf zu einem beliebten Ausflugsziel entwickelt. Viele ländliche Traditionen sind hier noch lebendig. Der Ort ist auch auf Bootsfahrten zu erreichen, die ab Vila Real de Santo António veranstaltet werden.
16 km südl. von Alcoutim

EINKAUFEN
KULINARISCHES
Queijaria Foz de Odeleite
In der Käserei wird jeden Morgen Ziegenmilch zu Rohmilchkäse verarbeitet, wie in alten Zeiten. Die Gerinnung erfolgt mit Distelsaft, das Produkt ist also auch für Vegetarier geeignet.
Rua Foz de Odeleite s/n | Tel. 2 81 49 51 56

MARTIM LONGO
1000 Einwohner

Weite Ackerflächen dehnen sich auf der Hochebene rund um das Dorf aus, darüber strahlt meist ein blauer Himmel. Die Bauern von Martim Longo produzieren vor allem Getreide, aus dem zwei Bäckereien ein rundes Holzofenbrot (»pão de lenha«) nach Hausmacherart backen, das an der ganzen Algarve und sogar darüber hinaus begeisterte Abnehmer findet. Natürlich ist es auch im örtlichen Handel zu haben.

32 km westl. von Alcoutim

ALTE F2

2000 Einwohner

Alte ist ein beliebtes Ausflugsziel. Viele Einheimische kommen wegen der berühmten Süßwasserquellen nach Alte. Schilder Richtung »Fontes« führen zu einem großen Parkplatz am nordöstlichen Ortsrand. Von hier aus können sowohl die Quellen als auch über die Rua das Fontes der malerische Ortskern erkundet werden. Eine Künstler- und Kunsthandwerkerszene hat sich in Alte niedergelassen, vielleicht auch im Gefolge des Dichters Francisco Xavier Cândido Guerreiro (1871–1953), der in einem recht herrschaftlichen, heute noch existierenden Haus in der Rua Poeta Cândido Guerreiro (Nr. 17) das Licht der Welt erblickte.

SEHENSWERTES

Fonte Pequena und Fonte Grande

In einem kleinen, romantischen Park sprudelt die Fonte Pequena (»kleine Quelle«) aus einem mit »azulejos« verzierten Brunnen. Da an den Hängen unmittelbar darüber Landwirtschaft betrieben wird, gilt ihr Wasser – einst von hervorragender Qualität – heute nicht mehr als uneingeschränkt genießbar. Von dort führt aus dem Ort heraus eine Pflasterstraße zur 300 m

Nicht zuletzt wegen seiner Quellen ist das Dorf Alte (▶ S. 119) ein beliebtes Ausflugsziel. Auch der Anblick der engen Gassen und bunten Häuser vermag zu erfreuen.

entfernten Fonte Grande (»große Quelle«). Auch sie wurde in eine Freizeitanlage mit einem Kiosk einbezogen, wo Getränke serviert werden. Aus ihr stammt das Trinkwasser von Alte, das allerdings aufbereitet wird, bevor es in die Leitungen eingespeist wird. Baden in den riesigen Quelltöpfen ist verboten – auch wenn es an heißen Tagen sehr verlockend scheint. An beiden Quellen sind, auf Steintafeln festgehalten, Zitate des Dichters Cândido Guerreiro zu lesen.
Rua da Fonte Grande | frei zugänglich

Igreja Matriz de Alte
Ganz zentral erhebt sich die Pfarrkirche mit einem manuelinischen Portal aus dem ausgehenden 15. Jh. Typisch für diesen Stil sind die wie Schiffstaue geflochtenen Steinmetzarbeiten. Der Rest des Gotteshauses ist neueren Datums, da der Vorgängerbau wie so viele historische Gebäude der Algarve dem großen Erdbeben von 1755 zum Opfer gefallen ist. 1829 erfolgte eine umfassende Renovierung.
Largo da Igreja s/n

ÜBERNACHTEN
Alte Hotel
Ruhige Lage – Das Hotel verfügt über drei Sterne und bietet soliden Service. Die meisten Zimmer haben gemütliche Balkone. Nicht selbstverständlich in dieser Kategorie: Es gibt einen Pool. Restaurant mit guter regionaler Küche.
Montinho, Estrada de Santa Margarida | Tel. 2 89 47 85 23 | www.altehotel.com | 30 Zimmer | €€
1 km westl. von Alte

Obwohl nicht viel mehr als 20 km von der Küste entfernt, scheint das kleine Bergdorf Querença (▶ S. 121) wie aus einer anderen Welt.

Alte – São Bartolomeu de Messines | 121

ESSEN UND TRINKEN
CAFÉS
Cafeteria Água Mel ▶ S. 29

SERVICE
AUSKUNFT
Posto de Turismo
Rua Condes de Alte s/n | Tel. 2 89 47 80 60 | www.cm-loule.pt

Ziele in der Umgebung

 QUERENÇA G 3
800 Einwohner

Weinberge, Ölbaumhaine und Mandelplantagen prägen die liebliche Landschaft rund um das kleine Bergdorf. Früher war Querença eine wichtige Station auf dem Pilgerweg nach Santiago de Compostela, der von Faro und Loulé heraufkam. Aus dieser Zeit stammt die Igreja de Nossa Senhora da Assunção (16. Jh.), deren Portal Zierelemente im manuelinischen Stil aufweist. Nahe der Kirche offerieren mehrere Cafés die örtlichen Kuchenspezialitäten aus Mandeln und Feigen.

22 km südöstl. von Alte

ESSEN UND TRINKEN
Querença

Deftige Gebirgsküche – Das Restaurant am Platz serviert typische Gerichte des bergigen Hinterlands: Wildschwein, Iberisches Schwein, Hühnchen. Große Portionen zu günstigem Preis.

Largo da Igreja s/n | Tel. 9 17 36 81 08 | Mi geschl. | €€

SERVICE
AUSKUNFT
Posto de Turismo
Largo da Igreja s/n | Tel. 2 89 42 24 95 | www.cm-loule.pt

◉ SALIR   G 2
2800 Einwohner

Das vom Tourismus kaum berührte Bergstädtchen liegt in einer Umgebung, die durch Terrassenfelder an steilen Hängen sowie Eichen- und Eukalyptuswälder geprägt ist. Auf einem Hügel am westlichen Ortsrand haben die Bewohner ihre Häuser in die Ruinen des maurischen Castelo de Salir hineingebaut. Dieses malerische Viertel erschließt sich nur Fußgängern. Von den Resten der Wehrmauer schweift der Blick über die Landschaft und auf den benachbarten Hügel mit dem Ortszentrum und der Kirche.

12 km östl. von Alte

ESSEN UND TRINKEN
Papagaio Dourado

Einfach und gut – In dem soliden Grillrestaurant, das mit bunten Wandcartoons dekoriert ist, liegt der Schwerpunkt auf der Hausmannskost der Bergbewohner: Lamm, Huhn, Schwein, aber auch gegrillter Fisch.

Rua José Viegas Gregório 25 B | Tel. 2 89 48 96 09 | Do–Di 7.30–24 Uhr | €€

SERVICE
AUSKUNFT
Posto de Turismo
Centro Interpretativo de Arqueologia de Salir s/n | Largo Pedro Dias | Tel. 2 89 48 91 37 | www.cm-loule.pt

◉ SÃO BARTOLOMEU
DE MESSINES F 2

Dem Ort, kurz und bündig meist Messines genannt, fehlen die wirklichen Sehenswürdigkeiten. Dafür können Besucher hier den ganz normalen Alltag der Bewohner des Hinterlands der Algarve erleben. Einen Blick wert ist auch die Igreja Matriz (Hauptkirche) mit ihrer gedrungenen Barockfassade und dem hohen Sandsteinportal von 1716.

10 km westl. von Alte

EINKAUFEN
KUNSTHANDWERK
Artes e Oficios
Ana Silva und José Vitorino, junge Kunsthandwerker, die sich der Belebung des Handwerks verschrieben haben, restaurieren antikes Korbmobiliar und fertigen Gebrauchsgegenstände aus Pflanzenfasern, etwa witzige Handbesen aus Stroh.

Avenida João de Deus s/n (EN 124)

MONCHIQUE D2
4800 Einwohner

Monchique hat eher den Charakter einer Kleinstadt als den eines urigen Bergdorfes, wirkt aber dennoch in vieler Hinsicht noch recht ursprünglich. Hier gibt es noch die alten Männer mit dunklen Hüten, die auf dem zentralen Largo 5 de Outubro stehen und lebhaft palavern, die Zigarette in der Hand. Einen Kontrast hierzu bildet das frische Styling des Platzes mit Springbrunnen in der Mitte. Der Ort ist Zentrum der Medronho-Herstellung. In fast jedem Geschäft ist der typische Schnaps aus den Früchten des Erdbeerbaums (▶ S. 30) zu bekommen. Außerdem wird reichlich Kunsthandwerk angeboten. Charakteristisch für die Bergregion sind Flechtwaren und Wollpullover. An kulinarischen Mitbringseln seien Gebirgshonig und Wurstwaren vom Iberischen Schwein erwähnt. Vom Largo de São Sebastião (mit öffentlichem Parkhaus) südlich des Zentrums gewinnt man einen guten Überblick über den Ort.

SEHENSWERTES
Convento da Nossa Senhora do Desterro
Hoch über dem Ort erhebt sich die Ruine eines alten Klosters. Die ehemalige Franziskanerabtei wurde 1632 gegründet. Vom zentralen Stadtplatz, dem Largo dos Chorões, lohnt ein kleiner Spaziergang hinauf (10–15 Min. pro Strecke). Die Anlage ist nicht von innen zu besichtigen.

Caminho do Convento s/n

Igreja Matriz
Die Pfarrkirche von Monchique ziert ein viel fotografiertes, kunstvoll im manuelinischen Stil gestaltetes Portal. Aus Stein gehauene Seile winden sich um das Tor und laufen in Spitzen in orientalische Hüte aus. Ansonsten ist die Kirche innen wie außen eher schlicht gehalten.

Rua da Igreja s/n | unregelmäßig geöffnet

ÜBERNACHTEN
Abrigo da Montanha
Berghüttenflair – Das rustikale Steinhaus befindet sich in schöner Lage am Hang der Serra de Monchique. Schlicht eingerichtet, aber gemütliche Zimmer und Suiten, alle mit Balkon und herrlichem Blick ins Tal. Das relativ große Restaurant ist ein beliebtes Ausflugsziel.

Estrada da Fóia N 266-3, Corte Pereiro | Tel. 2 82 91 27 50 | www.abrigoda montanha.com | 14 Zimmer | €€

4 km westl. von Monchique

São Bartolomeu de Messines – Monchique | 123

ESSEN UND TRINKEN
RESTAURANTS
A Rampa ▶ S. 28

CAFÉS
Pastelaria Ana Maria
Einfaches und kleines Lokal, aber »der« Treffpunkt der einheimischen Damenwelt. Die Konditorei alten Schlags bietet eine große und köstliche Kuchenauswahl, zum Kaffee am Nachmittag schmeckt zum Beispiel die üppige Nusstorte.
Largo 5 de Outubro s/n | tgl. geöffnet

EINKAUFEN
KERAMIK
Casa da Nogueira ▶ S. 38

KULINARISCHES
Evangelista de Oliveira ▶ S. 38

Loja do Mel e do Medronho
Die örtlichen Spezialitäten, Berghonig und Erdbeerbaumschnaps, werden hier in allen Varianten angeboten.
Largo 5 de Outubro s/n

MÖBEL
Casa dos Arcos
Hier gibt es noch die »cadeiras de tesoura« (Scherenstühle). Es handelt sich um Klappstühle aus Nussbaumholz, die angeblich seit der Römerzeit unverändert produziert werden.
Rua Calouste Gulbenkian s/n (Estrada Velha)

SERVICE
AUSKUNFT
Posto de Turismo
Largo de S. Sebastião s/n | Tel. 2 82 91 11 89 | www.cm-monchique.pt

Der zentrale Platz von Caldas de Monchique (▶ S. 124). Das malerische Dorf und Heilbad liegt etwa 8 km südlich von Monique (▶ S. 122).

Ziele in der Umgebung

◎ BARRANCO DOS PISÕES　🚩 D2
Die enge, kühle Schlucht lädt im Sommer mit ihrem Picknickplatz im Schatten hoher Bäume zur Rast ein. Nebenan plätschert eine alte Wassermühle.
6 km nördl. von Monchique

◎ CALDAS DE MONCHIQUE　🚩 D2
Schon die Römer wussten die mit 32 °C angenehm temperierten, schwefelhaltigen Heilwässer zu schätzen, die in dem engen, feuchten, mit seiner üppigen Vegetation beinahe tropisch anmutenden Tal am Südrand der Serra de Monchique aus dem Boden sprudeln. Um das Jahr 1900 war schon ein kleiner Badeort entstanden, in dem portugiesische Adelige und Großbürger kurten. Die nostalgischen Bauten aus jener Zeit, darunter das im neomaurischen Stil errichtete Kurhaus, wurden in jüngerer Zeit restauriert und zu einem Spa-Resort zusammengefasst, das über modernste Einrichtungen verfügt und allerlei Anwendungen anbietet.
8 km südl. von Monchique

ÜBERNACHTEN

Albergaria do Lageado
Nostalgie pur – Das charmante Haus mitten im kleinen Kurort wurde in jüngerer Zeit komplett renoviert.
Caldas de Monchique | Tel. 2 82 91 26 16 | www.albergariadolageado.pt | 19 Zimmer | €

Villa Termal das Caldas de Monchique
Wellnessanlage – Großer Kur- und Spa-Komplex in noblen Gebäuden aus dem 19. Jh. Verschiedene Zimmerkategorien, darunter auch Suiten und Apartments, verteilen sich auf fünf Gebäudetrakte.
Caldas de Monchique | Tel. 2 82 91 09 10 | www.monchiquetermas.com | 102 Zimmer | €€–€€€

ESSEN UND TRINKEN

Foz do Banho
Bergküche – Ausflugslokal unterhalb von Caldas de Monchique an der Nationalstraße mit schöner Terrasse auf der Rückseite und angeschlossenem Kunsthandwerksladen. Deftige Küche, etwa gegrilltes Iberisches Schwein, cataplana mit Fisch oder Fleisch, oftmals auch Lammtopf oder Zicklein aus dem Holzofen. Günstige Tagesgerichte.
Estrada N-266 | Tel. 2 82 91 38 60 | tgl. 9–22 Uhr | €

◎ FÓIA 10　🚩 D2
Die Bergstraße zum mit 902 m höchsten Gipfel der Algarve passiert mehrere beliebte Ausflugsrestaurants. Auch auf dem rauen, vom Wind gepeitschten Gipfelplateau des Fóia gibt es ein Restaurant, außerdem einen Souvenirshop und ein Kunsthandwerkerzentrum. Zu allen Seiten ergeben sich hier beste Ausblicke. Unterwegs werden Quellen passiert, aus denen viele Portugiesen ihr Trinkwasser abschöpfen.
8 km westl. von Monchique

> **Picknick mit Aussicht**
> An der Bergstraße auf den Fóia lädt ein wunderbarer »miradouro« mit weitem Blick bis zur Küste, Picknicktischen und sprudelnder Quelle zum längeren Verweilen ein (▶ S. 15).

Die Römer hatten bekanntlich ein untrügliches Gespür für angenehme Orte. Monchique war ihnen wegen seiner warmen Quellen (▶ S. 124) aufgefallen.

◎ MARMELETE C2

800 Einwohner

Das kleine Bauern- und Waldarbeiterdorf wäre vielleicht nicht weiter erwähnenswert, würde hier nicht ein besonders guter »medronho« (Erdbeerschnaps) produziert. In den örtlichen Bars kann man ihn pur oder auch mit Berghonig gesüßt genießen. Auch gibt es noch etliche Korbflechter, zudem werden hier riesige Kochlöffel aus Holz geschnitzt. Die Erzeugnisse werden auf dem viel besuchten Kunsthandwerkermarkt vorgestellt, den Marmelete jedes Jahr am letzten Sonntag im Juli veranstaltet.

17 km westl. von Monchique

◎ PARQUE DA MINA D2

Das privat geführte Freilichtmuseum zeigt sehr anschaulich, wie es früher auf einem portugiesischen Landgut zuging. Zu sehen sind das mit Originalmöbeln dekorierte ehemalige Haus des Großgrundbesitzers aus dem 18. Jh., außerdem Wirtschaftsgebäude und Ställe, eine »medronho«-Brennerei und sogar ein altes Bergwerk, in dem bis in die 1940er-Jahre unter einfachsten Bedingungen Eisen und Kupfer abgebaut wurden. Auf dem Gelände leben allerlei Tiere, an denen Kinder ihre Freude haben werden: Esel, Ziegen, Schweine, Kaninchen und Federvieh. Eine Reise in eine Zeit, die noch nicht so lange zurückliegt, wie man meinen würde.

Vale do Boi, N 266 | www.parquedamina.pt | April–Sept. tgl. 10–19, Okt.–März 10–17 Uhr, Nov.–Feb. Mo geschl. | Eintritt 8 €, Kinder 5 €

11 km südl. von Monchique

In Quinta do Lago (▶ S. 67) befindet sich das Westende des Naturparks Ria Formosa.

TOUREN
AN DER ALGARVE

DURCH DIE LAGUNENLANDSCHAFT DES NATURPARKS RIA FORMOSA

CHARAKTERISTIK: Ausflug mit dem Auto von Olhão nach Quinta do Lago mit zwei Spaziergängen (jeweils ca. 1,5 Std.) sowie einer Bootsfahrt (2 Std.) **DAUER:** 1 Tag **LÄNGE:** 30 km **EINKEHRTIPP:** Café do Coreto, Faro, Jardim Manuel Bivar, Tel. 2 89 24 38 96, http://cafedocoreto.pt € **AUSKUNFT:** Posto de Turismo do Faro, Rua da Misericórdia 8–11, Tel. 2 89 00 10 00, www.cm-faro.pt

H 4

Entdecken Sie eines der sieben Naturwunder Portugals. Der 20 000 ha große Parque Natural da Ria Formosa erstreckt sich südlich von Faro auf einer Küstenlänge von 60 km. Weitgehend naturbelassene Strandinseln, Sandbänke, Lagunen und Dünenlandschaften stehen hier unter Schutz. Das Gebiet ist ein Eldorado für Wasservögel, etwa Flamingos, Störche oder Wildgänse. Aber auch viele Fischarten laichen hier und die Gewässer sind voller Muscheln, Schnecken und Krebstiere. Vergessen Sie nicht, ein Fernglas einzupacken!

Olhão ▸ Quinta de Marim

Besuchen Sie zur Einstimmung das offizielle Tor zum Naturpark, die 60 ha große Quinta de Marim östlich von Olhão. Im Rezeptionsgebäude erhalten Sie einen Plan der Anlage. Sie können dann weiterfahren bis zu einem Parkplatz, ab dem ein 4 km langer Rundweg ausgeschildert ist. Gleich zu Beginn können Sie mit etwas Glück und Geduld ein Chamäleon im Gestrüpp entdecken. Dann gelangen Sie zu einem Strandsee mit Vogelbeobachtungsständen, den Sie im Uhrzeigersinn umrunden, um das Ufer des Canal de Marim zu erreichen. Jenseits des Meereskanals sehen Sie die flache Strandinsel Armona. Dann passiert der Weg die **Gezeitenmühle** Moinho de Maré, die 1970 den Betrieb eingestellt hat. Jahrhundertelang nutzte man den Unterschied zwischen Hoch- und Niedrigwasser, um Getreide zu mahlen. In der Nähe sind regelmäßig Störche oder Löffler zu beobachten. Es folgt ein Holzplankenweg durch Dünen und Salzmarsch. Anschließend spazieren Sie auf einem breiten Weg, eine Fischzucht zur Linken, und schlagen dann einen schmaleren Weg nach rechts ein. Zwischen Bäumen taucht das weiße Gebäude eines Informationszentrums auf. Von hier sind es nur noch ein paar Schritte durch den Wald bis zum Parkplatz.

Quinta de Marim ▸ Faro

Ihr nächstes Ziel ist der Jachthafen von Faro. Vielleicht möchten Sie zunächst im Café do Coreto im angrenzenden Stadtgarten einkehren, wo Sie nicht nur Kaffee und Kuchen, sondern auch schmackhafte Fischgerichte serviert bekommen. Nach der verdienten Pause starten Sie in der Marina zur Bootsfahrt durch den Naturpark. Besonders romantisch und zugleich informativ ist die zweistündige Tour mit einem der kleinen **Traditionsfischerboote** von Formosamar, die ganzjährig mehrmals am Tag auslaufen. Es empfiehlt sich, vorher zu reservieren! Die Fahrt geht durch schmale Seitenkanäle bis zur vorgelagerten Ilha de Faro, wo ein kurzer Landgang vorgesehen ist, und zeigt die enorme biologische Vielfalt des Gebiets.

Faro ▸ Quinta do Lago

Wer Energie hat, kann zum Abschluss einen weiteren Spaziergang durch den Naturpark unternehmen. Der 3,4 km lange Weg beginnt und endet an der Praia de Anção bei Quinta do Lago, am Parkplatz bei der Fußgängerbrücke, die über einen Meeresarm zur Sandbank mit dem Strand führt. Am Golfplatz São Lourenço vorbei geht es zunächst durch eine **Salzmarsch**, die bei Hochwasser überschwemmt sein kann. Dann folgt ein Dünengebiet mit Pinienwald, das zu einem künstlich angelegten Süßwassersee überleitet, in dem allerlei Vögel und Schildkröten leben. Ziel des Wegs sind die aus römischer Zeit stammenden Ruinen einer Anlage, in der die berühmte Fischsauce »garum« erzeugt wurde. Kehren Sie hier um und laufen Sie zum Ausgangspunkt zurück.

INFORMATIONEN
Quinta de Marim
Olhão, Quelfes | Tel. 2 89 70 41 34 | www.icnf.pt | Mo–Fr 8–20, Sa, So 10–20 Uhr | Eintritt frei

Formosamar
Faro, Largo do Carmo s/n | Tel. 9 18 72 00 02 | www.formosamar.com | Kanalfahrt 20 €, Kinder 10 €

Der Naturpark Ria Formosa (▸ S. 128) erstreckt sich über eine Ost-West-Ausdehnung von rund 60 km entlang der Küste. Die biologische Vielfalt ist enorm.

DIE ROTA VICENTINA – PER MOUNTAINBIKE ZUR WILDEN KÜSTE

CHARAKTERISTIK: Fahrt mit dem Mountainbike von Aljezur nach Arrifana
DAUER: 1 Tag **LÄNGE:** 25 km **EINKEHRTIPP:** Restaurante O Paulo, Ponta da Arrifana, Tel. 2 82 99 51 84, www.restauranteopaulo.com, tgl. ab 9.30 Uhr €€€ **AUSKUNFT:** www.rotavicentina.com
B 2

Das Mountainbike reservieren Sie am besten vorab und lassen es sich zu einer verabredeten Zeit an der Markthalle von Aljezur ausliefern. Die Strecke verläuft innerhalb des Parque Natural do Sudoeste Alentejano e Costa Vicentina, des Naturparks, der die gesamte Westküste der Algarve zwischen Burgau und Odeceixe umfasst und sich bis in die angrenzende Region Alentejo hinein erstreckt. Vielfältige Landschaften stehen hier auf 131 000 ha Fläche und 110 km Küstenlinie unter Schutz: Sandstrände, **steile Klippen**, Pinienwälder, sanfte Hügel und liebliche Täler im Hinterland. Eine reiche Seevogelwelt ist zu beobachten. Auf den kargen Böden gedeiht eine seltene Flora mit vielen endemischen Pflanzenarten. Der Naturpark ist durch den 230 km langen Caminho Histórico (Rota Vicentina) erschlossen, einen gut ausgeschilderten Fernwanderweg auf Pisten und Sandwegen, der sich auch für Mountainbiker eignet. Probieren Sie eine Tagesetappe aus und rechnen Sie dabei mit akkumulierten Höhenunterschieden von 400 m.

Aljezur ▶ Praia da Arrifana
An der Markthalle von Aljezur geht es los. Überqueren Sie den Fluss und fahren Sie an seinem Ufer Richtung Norden, auf die Kirche zu. Diese passieren Sie auf der rechten Seite und gelangen dann hinab auf einen unasphaltierten Weg, auf dem Sie sich links halten. Schmale, tiefe Täler passierend und an Bauernhöfen vorbei, nähern Sie sich allmählich der Küste. Zwei schmale, in der Saison allerdings recht stark befahrene Straßen sind zu queren. Dann gabelt sich die Route. Sie fahren rechts, auf die mit kleinen Ferienhäusern bebaute Siedlung Arrifana zu. Hier bietet sich ein Abstecher zum gleichnamigen Strand an. In drei schwungvollen Kurven sausen Sie auf einer schmalen Straße steil hinunter.

Praia da Arrifana ▶ Ponta da Arrifana
Der 500 m lange, von schrägen Felswänden begrenzte Strand zeichnet sich durch außergewöhnliche Schönheit aus. Hier tummeln sich das ganze Jahr über Windsurfer und Wellenreiter. Im Sommer ist die Küstenlinie eher sandig, im brandungsreichen Winter oft recht steinig. Nach einem Sonnenbad oder einem Strandspaziergang geht es wieder hinauf zum Ort, wo Sie nach links abbiegen. Ein weiterer Abstecher führt zur Landspitze Ponta de Arrifana. Auf ihr erhebt sich in exponierter Lage eine kleine Festung, die

Die Rota Vicentina | 131

Ruhig ist das Meer an der Westküste der Algarve nur selten. Die Rota Vicentina (▶ S. 130) ermöglicht die Erkundung der Region per Fahrrad.

Fortaleza da Arrifana (17. Jh.), von der nur das Portal erhalten ist. Heute ist die Stelle ein großartiger **Aussichtspunkt**. Errichtet wurde sie 1635 auf Befehl des über die Algarve herrschenden Gouverneurs, um die Thunfischfänger, die sich hier in den Sommermonaten aufhielten, vor Piratenüberfällen zu schützen. 1755 fiel sie dem schweren Erdbeben zum Opfer. Weit schweift der Blick an der Costa Vicentina entlang. Wenn Sie ein paar Meter nach links gehen, schauen Sie zu einem winzigen, pittoresken Fischerhafen hinab, der sich unter die Felswand duckt. Jetzt empfiehlt sich neben der Festung das Restaurant O Paulo zur Einkehr. Der Schwerpunkt der Küche liegt auf Meeresfrüchten: Hummer, Langusten, verschiedene Krabben. Sie werden pur serviert oder in der »cataplana«.

Ponta da Arrifana ▶ Aljezur
Nach der verdienten Mahlzeit erfolgt die Rückkehr nach Aljezur auf der schon bekannten Route. Wenn Sie sich das doch recht anstrengende Auf und Ab durch die kleinen Täler ersparen möchten, können Sie alternativ auf der Straße zurückfahren, wo sich die Höhenunterschiede in Grenzen halten. Dazu passieren Sie zunächst den Südrand der Siedlung Arrifana und halten sich dann an einer Gabelung rechts. Von nun an ist die Strecke nicht mehr zu verfehlen.

INFORMATIONEN

MOUNTAINBIKE-VERLEIH
Algarve Adventure
Aljezur, Vale da Telha | Tel. 2 82 09 81 26 | www.algarve-adventure.com | Tagesmiete 15 €

WANDERUNG AUF DEN ROCHA DA PENA

CHARAKTERISTIK: Mittelschwere Wanderung auf größtenteils steinigen Pfaden, 200 m Höhenunterschied **DAUER:** 2 Std. **LÄNGE:** 6,5 km **EINKEHRTIPP:** Bar das Grutas, Rocha, tgl. geöffnet €€ **AUSKUNFT:** Posto de Turismo de Salir, Salir, Largo Pedro Dias s/n , Tel. 2 89 48 91 37, www.cm-loule.pt

G 2

Der »Tafelberg der Algarve« ist das vielleicht attraktivste Wanderziel der Region. Er beeindruckt durch eine außergewöhnlich reiche Flora, die auf Kalkgestein gedeiht. Im Frühjahr sind **Wildorchideen** und seltene Narzissenarten zu entdecken, später verwandeln die Blüten der Zistrosen die Hochfläche in einen rosafarbenen Teppich. Eine zweite, bescheidener ausfallende Blüte gibt es nach den ersten Regenfällen im Herbst.

Rocha ▶ Miradouro Norte

Das winzige Dorf Rocha liegt 4 km westlich von Salir. Zu erreichen ist es über die N 124 Richtung Alte, von der Sie nach 2 km rechts in die M 503 einbiegen und gleich an der nächsten Abzweigung (Schild: Rocha) links fahren. Ausgangspunkt ist der Parkplatz gegenüber der Bar das Grutas (links neben der Bar). Eine Wandertafel informiert über den Weg, der vorbildlich mit gelb-roten Farbstreifen markiert und beschildert ist. Sie wandern auf einer steinigen Forstpiste in weiten Kehren auf das Felsmassiv des Rocha da Pena zu. Nach zehnminütigem Aufstieg verengt sich die Piste zu einem Fußweg, auf dem es weiter bergauf geht. Nach einer halben Stunde wird der Weg flacher, die Hochfläche des Tafelbergs ist erreicht. Links ist »Planalto« ausgeschildert. Bevor man sich dorthin wendet, lohnt ein Abstecher nach rechts zum Miradouro Norte (hin und zurück knapp 15 Min.). Auf dem Weg dorthin erklärt eine Tafel die Besonderheiten der Tierwelt, die in dem unter Naturschutz stehenden Gebiet beheimatet ist. Erwähnung verdient vor allem die seltene **Ginsterkatze**. Wanderer werden das scheue, nachtaktive Tier allerdings kaum zu sehen bekommen. Vom Miradouro Norte am steilen Nordrand des Gipfelplateaus ergibt sich ein weiter Blick über die Serra do Malhão und die angrenzende Serra do Caldeirão.

Miradouro Norte ▶ Talefe

Gehen Sie zurück zu der Gabelung und folgen Sie nun der Beschilderung »Planalto« über das Gipfelplateau hinweg, das dicht bewachsen ist mit aromatischen Kräutern wie Rosmarin, **Schopflavendel** oder Johanniskraut. An einem ehemaligen Festungswall aus der Eisenzeit, der später von den Mauren genutzt wurde, um sich während der Reconquista auf dem Berg zu verschanzen, schwenkt der Weg nach links. Gehen Sie weiter entlang der Kante des Rocha da Pena. Nach Durchqueren einer flachen Senke folgt ein leichter Anstieg zu einer Abzweigung nach links Richtung Talefe. Der abgehende Pfad führt durch stachelige Macchie. Nach rund 75 Minuten Gesamtgehzeit ist die Gipfelsäule des Talefe erreicht. Der 485 m hohe Berg ist die höchste Erhebung des Rocha da Pena. Von hier aus reicht der Blick bis zum Atlantik.

Talefe ▶ Penina

Kehren Sie zum Hauptweg zurück und folgen Sie diesem weiter. Nun beginnt der Abstieg auf einem zunächst schmalen Geröllweg, der bald deutlich breiter wird. Erst werden aufgelassene Terrassenfelder passiert, dann noch genutzte Äcker. Die Steigung nimmt ab. Fast unten angekommen, verbreitert sich der Fußweg zur Fahrpiste. Sie führt in einem Linksbogen zum kleinen Bauernort Penina.

Penina ▶ Rocha

Durchqueren Sie das entlegene, noch sehr ursprünglich wirkende Dorf. Die nicht immer auf den ersten Blick zu erkennenden Farbmarkierungen weisen den direktesten Weg durch die verwinkelten Gassen. Am Ostrand der überschaubaren Siedlung führt die Rua da Palmeira aus Penina heraus. Nach Passieren der letzten Häuser verlassen Sie die Straße sogleich nach links auf einer erdigen Piste. Diese passiert die rückwärtige Mauer eines Gehöfts und geht in einen schmalen Fußweg über, der wiederum auf eine breite Fahrpiste führt. Ihr folgen Sie nach links zurück zum Ausgangspunkt, den Sie nach etwa zwei Stunden Gesamtgehzeit erreichen. In der Bar das Grutas stehen Kaffee und kühle Getränke bereit.

Der Rocha da Pena (▶ S. 132) im Hinterland von Loulé ist ein ideales Wanderrevier – wegen des akzentuierten Terrains, aber auch wegen der Vielfalt von Flora und Fauna.

Störche haben den Turm der Ermida de Nossa Senhora do Pé da Cruz in Faro umfunktioniert.

DIE ALGARVE
ERFASSEN

AUF EINEN BLICK

Hier erfahren Sie alles, was Sie über die Algarve wissen müssen – kompakte Informationen über Land und Leute, von Bevölkerung und Geografie über Politik und Religion bis Sprache und Wirtschaft.

BEVÖLKERUNG

Die Südküste Portugals war wahrscheinlich schon in der Steinzeit besiedelt. Mit den Römern und später den Mauren begann ein wirtschaftlicher und kultureller Aufschwung. Im Laufe der Jahrhunderte haben sich Kelten, Römer, Mauren und afrikanische Sklaven zu einer homogenen Bevölkerung vermischt. Seit Jahrzehnten verlagert sich – durch den **Tourismus** bedingt – der Siedlungsschwerpunkt vom Landesinneren hin zur Küste. Lebten in den 1960er-Jahren nur etwa die Hälfte der Algarvios in Meeresnähe, so sind es heute rund 70 %. Insgesamt hat seit den 1970er-Jahren die Zahl der Bewohner um etwa 30 % zugenommen, nicht zuletzt durch etliche Briten und Deutsche, die sich hier niedergelassen haben.

LAGE UND GEOGRAFIE

Die Algarve als südlichste Region des portugiesischen Festlandes weist eine Küstenlänge von ca. 150 km auf. Oft wird zwischen **Sotavento** und **Barlavento** unterschieden. Beim Sotavento

◄ Die Orangenernte findet im Winter statt. Ein Mann sortiert die reiche Ausbeute.

(wörtl. »vom Wind abgewandt«) handelt es sich um den östlichen Teil der Region von der spanischen Grenze bis nach Faro mit dem Gebirgszug Serra do Caldeirão im Norden. Der Küstenstreifen ist im deutschen Sprachraum besser unter dem Namen Sandalgarve bekannt. Barlavento (»dem Wind zugewandt«) ist der westliche Teil mit der Felsalgarve und der Serra de Monchique. Den schmalen, hügeligen Streifen zwischen Küste und Gebirgen nennen die Einheimischen »barrocal«. Allgemein präsentiert sich der Sotavento lieblicher, der Barlavento rauer.

POLITIK UND VERWALTUNG

Seit 1986 ersetzen in Portugal sieben Regionen als Verwaltungseinheit immer mehr die 18 Distrikte, in die das Land unterteilt ist. Im Fall der Algarve sind die Region und der Distrikt Faro deckungsgleich. Beide Einheiten unterstehen der Zentralregierung in Lissabon und genießen daher weniger Eigenständigkeit als beispielsweise die deutschen Bundesländer. Faro ist Hauptstadt, aber das größere Portimão gilt als heimliche Hauptstadt zumindest des Westteils der Region. Erst seit der **Nelkenrevolution** 1974 ist Portugal eine parlamentarische Demokratie. Als Staatsoberhaupt fungiert der Präsident, der direkt gewählt wird, als Regierungschef der Premierminister. Als solcher amtiert seit 2011 **Pedro Passos Coelho** von der liberal-konservativen PSD. Die nächsten Wahlen zum portugiesischen Parlament finden im Oktober 2015 statt.

RELIGION

Zu etwa 90 % sind die Menschen an der Algarve **römisch-katholisch**. Die Zahl jener, die tatsächlich ihren Glauben praktizieren, liegt jedoch deutlich darunter. In den letzten Jahren hat der Einfluss der Kirche merklich nachgelassen. Eine wichtige Rolle spielen aber immer noch die Feste zu Ehren der Ortspatrone. In vielen Häusern stehen zudem Altäre zu Ehren des jeweiligen Familienheiligen.

WIRTSCHAFT

Traditionell hat an der Algarve immer die Landwirtschaft die größte Rolle gespielt. Heute fällt sie kaum noch ins Gewicht, abgesehen von einigen modernen Bewässerungskulturen unter Folie oder in Gewächshäusern. Zu groß ist die Konkurrenz insbesondere des Nachbarlands Spanien. Ähnlich ist es der Fischerei ergangen. Zum wichtigsten Wirtschaftszweig ist vor allem in der jüngeren Vergangenheit der Tourismus aufgestiegen. Etwa 40 % aller ausländischen Besucher Portugals urlauben an der Algarve.

AMTSSPRACHE: Portugiesisch
EINWOHNER: ca. 450 000
FLÄCHE: 5400 qkm
GRÖSSTE STADT: Portimão, 55 000 Einwohner
HAUPTSTADT: Faro, 44 000 Einwohner
HÖCHSTE ERHEBUNG: Fóia (902 m) in der Serra de Monchique
RELIGION: 90 % römisch-katholisch, 1 % Protestanten, 0,4 % Muslime, 1,5 % andere, ca. 7 % religionslos
WÄHRUNG: Euro

GESCHICHTE

Vermutlich siedelten schon in der Steinzeit Menschen an der Algarve. Phönizier und Griechen errichteten Handelsstützpunkte, Römer hinterließen Spuren. Fast 400 Jahre lang herrschten Mauren über die Region. Ihr Einfluss ist bis heute spürbar.

3000 v. Chr. Die Anfänge

Eine steinzeitliche Besiedelung ist für die Algarve schon ab etwa 7000 v. Chr. nachgewiesen. Bemerkenswerte Spuren hinterließ die Megalithkultur im 3. Jahrtausend v. Chr. Fundamente eines Dorfes aus dieser Zeit sind bei Alcalar am Südrand der Serra de Monchique zu besichtigen. Auch bei Sagres haben Archäologen gleich alte Grabstätten in Form von Menhiren gefunden. Damals ließen sich auch die ersten **Iberer** an der Algarve nieder. Etwas später dürften von Norden her keltische Stämme ins heutige Portugal eingewandert sein, die sich mit den Iberern vermischt haben, um als **Lusitaner** in die Geschichte einzugehen.

Ab 700 v. Chr. Handelsniederlassungen

Phönizische Händler kommen an die Küsten der Algarve und gründen kleine Stützpunkte. Den Phöniziern folgen zunächst die **Griechen** um 500 v. Chr., dann dehnen die Karthager ab ca. 450 v. Chr. ihre Handelsaktivitäten von Nordafrika ebenfalls bis zur Algarve aus.

218 v. Chr. Römisches Reich

Die Römer beginnen mit der Eroberung der Iberischen Halbinsel. Zunächst können sich die Lusitaner teilweise erfolgreich zur Wehr setzen. 133 v. Chr. etablieren sich die Römer dann dauerhaft im Land. Unter ihrer Herr-

3000 v. Chr. Erste sesshafte Menschen an der Algarve.

218 v. Chr. Das Römische Reich dehnt seinen Einflussbereich auf die Iberische Halbinsel aus.

700 v. Chr. Phönizier gründen Handelsniederlassungen.

schaft heißt die heutige Algarve **Cyneticum**. Ihre Bewohner werden Conii genannt. Jahrhundertelang bleibt die Algarve Teil des Römischen Reichs, bis 411 n. Chr. im Verlauf der Völkerwanderung Alanen und Vandalen von Norden her einwandern. Wenige Jahre später beginnt ein Eroberungszug der Westgoten, die den christlichen Bischofssitz im heutigen Faro gründen.

507 Einfall der Westgoten

Die Westgoten expandieren auf die Iberische Halbinsel und dringen bald bis zur Algarve vor, wo sie einen ersten christlichen Bischofssitz im heutigen Faro gründen.

711 Maurische Eroberung

Arabische Heere setzen aus Nordafrika auf die Iberische Halbinsel über und bringen diese innerhalb weniger Jahre fast vollständig unter ihre Kontrolle. Das heutige Portugal gehört, bis auf einen kleinen, unter westgotischer Herrschaft verbliebenen Teil im Norden, zum Kalifat Córdoba. Den südwestlichen Teil ihres Einflussbereichs bezeichnen die Mauren als **Al-Gharb** (der Westen), woraus sich der Name Algarve ableitet. Hauptstadt der Region wird Xelb, das heutige Silves. Mehrere Jahrhunderte bleibt fast ganz Portugal maurisch. Die Araber intensivieren die Landwirtschaft mithilfe ausgeklügelter Bewässerungssysteme. Sie kultivieren Feigen, Johannisbrotbäume, Gewürzpflanzen und mancherlei exotische Früchte. Inzwischen setzt von Norden her die **Rückeroberung** ein.

1092 Reconquista

Das Gebiet um Porto fällt zurück an die Christen. Zwei Jahre später wird die Grafschaft Portocale, aus der später Portugal hervorgeht, erstmals urkundlich erwähnt. Der Sohn des ersten Grafen, Afonso Henriques, besiegt 1139 die Mauren bei Ourique im Distrikt Beja und ernennt sich zum ersten König von Portugal. Acht Jahre später erobert er Lissabon zurück. Seinem Sohn Sancho I. gelingt 1189 die Einnahme von Xelb (Silves). König Afonso III. erobert 1249 die gesamte Algarve und vertreibt die Mauren.

---

139 v. Chr. — Die Algarve wird der römischen Provinz Bética zugeschlagen. Aus dieser Zeit stammen die archäologischen Stätten Milreu (Estói) und Cerro da Vila (Vilamoura).

507 — Die Westgoten expandieren auf die Iberische Halbinsel und dringen bald bis zur Algarve vor, wo nur noch die Ermida Nossa Senhora da Rocha bei Armação de Pêra an ihre Herrschaft erinnert.

711 — Arabische Heere setzen über die Meerenge von Gibraltar über und besetzen die Iberische Halbinsel, Silves wird maurische Hauptstadt der Algarve.

1249 — Christliche Truppen vertreiben die letzten Mauren von der Algarve.

1394 Heinrich der Seefahrer

Mit dem Tod von Fernando I. erlischt 1383 die Burgunderlinie des Königshauses. Ihm folgt nach einigen Wirren sein Halbbruder João aus dem Hause Avis, das bis zum Jahre 1580 über das Land herrschen wird. Die Zeit scheint reif für Erneuerungen. 1394 wird mit **Dom Infante** Henrique de Avis, im deutschen Sprachraum besser als Prinz Heinrich der Seefahrer bekannt, der Initiator der portugiesischen Entdeckungsfahrten geboren. Ihm wird die Gründung einer Seefahrerschule in Sagres zugeschrieben. Speziell für Fahrten auf dem Atlantik entwickelte Karavellen dringen in unbekannte Gewässer vor. Die meisten Fahrten nehmen ihren Ausgang im Hafen von Lagos. Heinrich selbst fährt nur einmal in seinem Leben zur See: 1415 nach Marokko. Er widmet sich theoretischen Studien und der Organisation.

Ab 1419 Die Zeit der großen Seefahrten

Noch zu Lebzeiten des Dom Infante betreten die Portugiesen viel Neuland. Zunächst besiedeln sie ab 1419 den Archipel **Madeira**, der ihnen als Stützpunkt für weitere Unternehmungen dient. Schon 1434 wird das Kap Bojador im heutigen Marokko umsegelt, das damals der südlichste bekannte Punkt der afrikanischen Küste war. Das Gebiet jenseits des Kaps galt im Mittelalter als unbefahrbar, wegen der großen Hitze, die angeblich das Meerwasser zum Kochen brachte. Nur zehn Jahre später dringt Dinis Dias bis zum Senegalfluss vor. 1460, im Todesjahr Heinrichs des Seefahrers, geht es weiter bis ins heutige **Sierra Leone**, 1488 gelingt Bartolomeu Dias die Umrundung des Kaps der Guten Hoffnung. Schließlich erreicht Vasco da Gama 1498 Indien.

1578 Das Debakel von Ksar-el-Kebir

Der junge König Sebastião schickt sich von Lagos aus an, Marokko zu erobern. Bei der Stadt Ksar-el-Kebir, nicht weit von Tanger, kommt es zur entscheidenden Schlacht zwischen rund 20 000 Portugiesen und 50 000 Marokkanern,

---

1394 Prinz Heinrich der Seefahrer, späterer Initiator der portugiesischen Entdeckungsfahrten, wird geboren.

1578 In der Schlacht bei Ksar-el-Kebir in Marokko wird das portugiesische Heer vernichtend geschlagen, König Sebastião kommt dabei ums Leben.

1640 Portugal macht sich unter König Dom João IV. wieder von Spanien unabhängig.

1755 Ein großes Erdbeben erschüttert Portugal und legt nicht nur Lissabon in Schutt und Asche, sondern zerstört auch zahlreiche Städte an der Algarve.

die sich zum Gemetzel entwickelt. Die Hälfte des portugiesischen Heeres fällt, darunter auch der König selbst. Dieses Ereignis läutet den **Niedergang** Portugals wie auch des Adelsgeschlechts Avis ein. 1580 annektiert Philipp II. von Spanien das Land.

1640 Die Restauration

Unter dem Herzog von Bragança wird die spanische Herrschaft beendet. Als João IV. besteigt er den portugiesischen Thron. Sein Adelsgeschlecht stellt nun die Herrscher bis 1853. Das kleine Land ist durch die jahrzehntelange Fremdherrschaft geschwächt und schafft es nicht mehr, sein riesiges Weltreich zu verwalten. Viele Überseebesitzungen gehen an die Niederlande oder England verloren. Auch die Goldfunde in der Kolonie **Brasilien** Ende des 16. Jh. bewirken nur eine vorübergehende Blütezeit.

1755 Das große Erdbeben

Zu allem Übel erschüttert 1755 ein großes Erdbeben fast ganz Portugal. Viele Städte an der Algarve sind davon betroffen, ebenso wie die Landeshauptstadt Lissabon. Nach dem Wiederaufbau marschiert **Napoleon** in Portugal ein. Zwischen 1807 und 1814 besetzt er das Land insgesamt dreimal. Die Briten vertreiben ihn schließlich und machen Portugal zu einem Protektorat unter Lord William Carr Beresford. 1822 kommt es mit britischer Unterstützung zu einer liberalen Revolution. Der Adel soll zugunsten des Bürgertums entmachtet werden. König João VI. muss einer Verfassung zustimmen.

1910 Ende der Monarchie

Inzwischen stellt das Adelsgeschlecht Sachsen-Coburg-Gotha die portugiesischen Könige. Das Ende der Monarchie ist abzusehen. Portugal wird zunehmend von bürgerlichen Politikern regiert. Mit der Industrialisierung gehen auch in Portugal Neuerungen einher. Mitte und Ende des 19. Jh. entstehen die ersten **Fischkonservenfabriken** an der Algarve. So richtig aber kommt die industrielle Entwicklung nicht in Gang. 1892 erklärt König Carlos I. den Staatsbankrott. 1908 fallen er und sein

1832 Der zweijährige sogenannte Miguelistenkrieg, eine Auseinandersetzung zwischen Adel und Bürgertum, beginnt.

5. Oktober 1910 Portugal wird zur Republik, nachdem König Carlos I. und sein Thronfolger zwei Jahre zuvor einem Attentat zum Opfer gefallen sind.

1807 Napoleon marschiert mit seinen Truppen in Portugal ein und besetzt das Land.

1926 Eine Militärdiktatur beendet jahrelange Regierungskrisen.

ältester Sohn in Lissabon einem Attentat zum Opfer. Am 5. Oktober 1910 wird die Republik Portugal ausgerufen.

1926 Beginn der Diktatur

Nach Beendigung der Monarchie folgt eine lange Zeit der Orientierungslosigkeit. Innerhalb von 16 Jahren wechseln sich rund 50 verschiedene Regierungen in rascher Folge ab. Ein Militärputsch unter Gomes de Costa beendet 1926 diese Situation, eine jahrzehntelange Diktatur beginnt. 1928 wird **António de Oliveira Salazar** Finanzminister, vier Jahre später Ministerpräsident. 1933 proklamiert er den Estado Novo (Neuer Staat) und gründet die Einheitspartei União Nacional. Opposition und Gewerkschaften werden verboten. Mit drastischen Sparmaßnahmen saniert Salazar die Staatsfinanzen. Das Wahlrecht ist abhängig von Einkommen und Besitz, nur etwa ein Fünftel der Bevölkerung darf an den Wahlen teilnehmen. Im Zweiten Weltkrieg bewahrt Portugal seine Neutralität und bleibt daher von Kampfhandlungen verschont. 1961 beginnen die Kolonialkriege, zunächst in den indischen Besitzungen, dann in Angola, Guinea-Bissau und Mosambik. Sie ziehen sich bis in die 1970er-Jahre hinein und verschlingen einen Großteil des Staatshaushalts.

1965 Tourismus

In Faro wird der Flughafen eröffnet. Damit fällt der Startschuss für den Tourismus an der Algarve. Eine rege Bautätigkeit setzt an der Küste ein. Zunächst entstehen vor allem noble Hoteleinheiten für ein zahlungskräftiges Publikum.

1974 Die Nelkenrevolution

Am 25. April 1974 endet die Diktatur mit der sogenannten Nelkenrevolution. Initiator ist der Movimento das Forças Armadas (MFA), ein Zusammenschluss linksgerichteter Soldaten. Mit Unterstützung durch konservative Kräfte der Armee werden innerhalb weniger Stunden Regierungsgebäude und Rundfunkanstalten besetzt. Die Revolution verläuft weitgehend unblutig und findet große Zustimmung

António de Oliveira Salazar proklamiert den Estado Novo und macht sich zum Diktator.

Eröffnung des Flughafens von Faro.

25. April 1974 — Mit der Nelkenrevolution endet die jahrzehntelange Diktatur in Portugal, ein Jahr später werden die portugiesischen Kolonien in Afrika unabhängig.

1933

1965

1986 — Portugal tritt der Europäischen Gemeinschaft (heute EU) bei.

in der Bevölkerung. Den Soldaten werden Nelken in die Gewehrläufe gesteckt. Innerhalb eines Jahres erklären sich bis auf **Macau** alle portugiesischen Kolonien für unabhängig. Zunächst sieht es so aus, als ob Portugal nun ein sozialistischer Staat werden würde. An der Algarve wird Großgrundbesitz in Landkommunen verwandelt. Durchsetzen können sich am Ende gemäßigte sozialdemokratische Strömungen. Ein Jahr nach der Revolution werden die ersten demokratischen Wahlen abgehalten. 1986 tritt Portugal der **Europäischen Gemeinschaft** bei und gelangt allmählich zu mehr Wohlstand.

1986 Orientierung nach Europa

Portugal tritt der Europäischen Gemeinschaft bei. Fördermittel aus Brüssel kommen in den Folgejahren dem Bau von Straßen und allerlei weiteren Infrastrukturprojekten zugute. Auch die Algarve profitiert davon. Die Region gelangt auch durch den Massentourismus, der in den 1980er-Jahren einsetzt, allmählich zu immer mehr Wohlstand.

2015 Krise überwunden

Ende der 1990er-Jahre und zu Beginn des neuen Jahrtausends geht es wirtschaftlich wie auch gesellschaftlich und kulturell in Portugal rasant bergauf. 2004 richtet das Land die Fußballeuropameisterschaft aus. Faro ist einer der Austragungsorte und erhält ein nagelneues Stadion. Doch ab 2007 macht sich die Weltwirtschaftskrise immer stärker bemerkbar. Die Immobilienblase, die sich sukzessive aufgebläht hat, platzt. Staats- und Privathaushalte sind scheinbar hoffnungslos überschuldet. Im Jahr 2011 schließlich flüchtet Portugal unter den europäischen Rettungsschirm. Eine **Finanzspritze** in Höhe von 78 Mrd. Euro aus Mitteln der EU und des IWF verhindert den Staatsbankrott. Ministerpräsident Pedro Passos Coelho (PSD) verordnet dem Volk anschließend ein hartes Sparprogramm. In der ersten Hälfte des Jahres 2014 kann Portugal den Euro-Rettungsschirm offiziell wieder verlassen. Der Aufwärtstrend hält auch 2015 an, nach den Jahren der Krise sind die Prognosen wieder gut.

2004 Portugal richtet die Fußballeuropameisterschaft aus und scheitert im Finale an der als Außenseiter geltenden Nationalmannschaft Griechenlands.

2011 Portugal flüchtet unter den europäischen Rettungsschirm, verlässt diesen aber 2014 wieder und verzichtet auf weitere Finanzhilfen vom IWF.

2009 Einweihung des Fernwanderwegs Via Algarviana.

2015 Die Wirtschaft wächst wieder, Portugal kann seinen Staatshaushalt konsolidieren.

KULINARISCHES LEXIKON

A
abóbora – Kürbis
açucar – Zucker
água mineral – Mineralwasser
 – com gás – kohlensäurehaltig
 – sem gás – ohne Kohlensäure
aguardente – Branntwein
alcaparras – Kapern
alho – Knoblauch
almoço – Mittagessen
alperces – Aprikosen
amêndoa – Mandel
amêijoas – Miesmuscheln
ameixa – Pflaume
arroz – Reis
assado – Braten
atum – Thunfisch
azeite – Olivenöl
azeitonas – Oliven

B
bacalhau – Stockfisch
batata – Kartoffel
bebida – Getränk
beringelas – Auberginen
bife – Steak
bife de atum – Thunfischsteak
bolo – Kuchen

C
cabrito – Zicklein
caldeirada (de peixe) – Fischeintopf
caldo verde – Kohlsuppe
camarões – Krabben
canja de galinha – Hühnerbrühe
carne – Fleisch
cavala – Makrele
cerejas – Kirschen
cerveja – Bier
chá – Tee
cogumelos – Pilze
conta – Rechnung
copo – Glas
costeleta – Kotelett
cozido – gekocht
crustáceos – Krustentiere

D
doce – Marmelade

E
ementa – Speisekarte
empadas – Pasteten
escalopes – Schnitzel
espadarte – Schwertfisch
espinafre – Spinat

F
favas – dicke Bohnen
feijão verde – Schnittbohnen
fiambre – gekochter Schinken
fígado – Leber
figos – Feigen
frango – Hähnchen
fumado – geräuchert

G
galinha – Huhn
garrafa – Flasche
gaspacho – gut gewürzte, kalte Gemüsesuppe, vorwiegend aus Tomaten, Gurken und Paprika
gelado – Eis
guardanapo – Serviette

J
jantar – Abendessen
javali – Wildschwein

L

laranja – Orange
legumes – Gemüse
leitão – Spanferkel
leite – Milch
linguado – Seezunge
linguiça – Schweinswurst
lista do vinho – Weinkarte
lombo de porco com amêijoas à alentejana – kurz gebratene Schweinefiletwürfel mit Muscheln in Weinsauce
lulas – Tintenfische

M

maçã – Apfel
meia dose – halbe Portion
manteiga – Butter
mariscos – Krustentiere
medronho – hochprozentiger Schnaps aus Baumerdbeeren
mel – Honig
melancia – Wassermelone
melão – Honig- oder Netzmelone
mexilhões – Miesmuscheln
morangos – Erdbeeren

N

nata – Sahne

O

omelete – Omelette
ovos – Eier

P

pão – Brot
pastéis – Törtchen, Pasteten
pato – Ente
peixe – Fisch
pepinos – Gurken
pequeno almoço – Frühstück
pêra – Birne
peru – Truthahn
pescada – Seehecht
pêssego – Pfirsich
pimenta – Pfeffer
pimento – Paprika
piri-piri – Pfeffersauce
polvos – große Tintenfische
porco – Schwein
presunto – geräucherter Schinken

Q

queijada – Käsekuchen
queijo – Käse

R

recheado – gefüllt

S

sal – Salz
salmão – Lachs
salsicha – Wurst
sapateira – Krebs
sobremesa – Nachtisch
sopa – Suppe
sopa de peixe – Fischsuppe
sumo de laranja – Orangensaft

T

tangerina – Mandarine
tarte – Torte
tomilho – Thymian
truta – Forelle

U

uvas – Weintrauben

V

vaca – Rind
vinagre – Essig
vinho – Wein
  – branco – Weißwein
  – tinto – Rotwein
  – verde – »grüner« Wein
vitela – Kalb

SERVICE

Algarve Pass
Bei Vorlage dieser vom Tourismusbüro entwickelten Karte gewähren viele Sehenswürdigkeiten, Restaurants, Geschäfte, Vergnügungsparks usw. Rabatte. Gleichzeitig sammelt man Punkte, die am Ende der Reise gegen regionale Produkte eingetauscht werden können. Die Karte wird in den örtlichen Informationsbüros, in vielen Reisebüros und Hotels sowie online verkauft und hat eine Gültigkeitsdauer von 30 Tagen.
www.algarve-pass.com | 10 €

Anreise
MIT DEM AUTO

Von Mitteleuropa ist die Algarve in etwa drei Fahrtagen zu erreichen. Die Autobahnen in Frankreich, Spanien und Portugal sind gebührenpflichtig. Kosten und Zeitaufwand der Fahrt lohnen nur bei längerem Aufenthalt. Ansonsten kommt die Kombination aus Flug und öffentlichen Verkehrsmitteln oder Mietwagen in der Regel sogar bei mehrköpfigen Familien billiger.

MIT DEM FLUGZEUG

Faro wird von verschiedenen Flughäfen in Deutschland, Österreich und der Schweiz angeflogen, z. B. von Air Berlin, Germanwings, TUIfly, Swiss und Ryanair, teilweise mit Umsteigen in Palma de Mallorca. Hin- und Rückflug kosten ab ca. 250 €. Die Flugzeit beträgt ab Mitteleuropa rund 3 Std. (nonstop) bzw. 5 Std. (mit Zwischenlandung). Zentrale Auskunft für alle portugiesischen Flughäfen: www.ana.pt. Auf www.atmosfair.de und www.myclimate.org kann jeder Reisende durch eine Spende für Klimaschutzprojekte eine Kompensation für die CO_2-Emissionen seines Fluges leisten.

MIT DEM ZUG

Von Deutschland aus gibt es Zugverbindungen über Paris und Madrid nach Lissabon. Von dort verkehren Hochgeschwindigkeitszüge (»alfa pendular«) und Intercitys (»intercidades«) über Albufeira und Loulé nach Faro. Regionalzüge (»regional«) fahren auf der Nebenstrecke von Lissabon über Évora nach Faro. Entlang der Algarve verläuft von Faro nach Lagos und in entgegengesetzter Richtung bis Vila Real de Santo António eine Bummelzugstrecke mit vielen Haltestellen. Anschluss von Vila Real de Santo António nach Spanien besteht nicht. Man kann aber per Fernbus nach Huelva oder Sevilla fahren, wo man auf das spanische Schienennetz trifft. Ausführliche Informationen zu Bahnverbindungen, Abfahrtszeiten, Angeboten und Preisen unter www.cp.pt.

Auskunft
Im Ausland unterhält das offizielle portugiesische Tourismusbüro keine Informationsstellen für Endkunden. www.visitportugal.com.

AN DER ALGARVE

Über die Region informiert die Associação de Turismo do Algarve, Avenida 5 de Outubro 18, 8000-076 Faro, Tel. 2 89 80 04 03, www.visitalgarve.pt. Lokale Tourismusbüros gibt es fast überall. Sie sind im Kapitel »Die Algarve erkunden« bei den jeweiligen Orten aufgeführt.

Buchtipps

Jörg Abke: Vermisst in Algarve (Books on Demand, 2012). Kriminalroman über das rätselhafte Verschwinden einer jungen Urlauberin, die eventuell in die Fänge von Menschenhändlern geraten ist. Garniert wird die Story mit Rezepten der regionalen Küche.

José Saramago: Der Doppelgänger (rororo, 2006). Roman des 2010 verstorbenen Nobelpreisträgers. Hauptfigur ist ein Mann, der sich plötzlich mit einem perfekten Double seiner selbst konfrontiert sieht – ein Ereignis, das sein Leben auf den Kopf stellt.

Lisa Selvidge: Zwischen Himmel und Meer (Montanha Books, 2011). In der Essaysammlung geht es u. a. um britische Aussteiger, einen deutschen Hippie und den Sohn eines Fischers. Verbindendes Element zwischen den Geschichten ist das bis heute ungeklärte Verschwinden der dreijährigen Madeleine aus England, das seit 2007 europaweit für Schlagzeilen sorgt.

Diplomatische Vertretungen
Deutsches Honorarkonsulat
Urb. Infante Dom Henrique, Lote 11, 8000-490 Faro | Tel. 2 89 80 31 48 | www.honorarkonsul-faro.de

Österreichisches Honorarkonsulat
Beco de Gil Vicente 4, 8200-009 Albufeira | Tel. 2 89 51 28 78

Regionales Konsularcenter der Schweiz
Calle de Núñez de Balboa 35 A, E-28 001 Madrid | Tel. 00 34–9 14 36 39 60 | www.eda.admin.ch/madrid

Feiertage

1. Januar Ano Novo (Neujahrstag)
25. April Dia da Liberdade (Jahrestag der Nelkenrevolution)
1. Mai Dia Internacional do Trabalho (Tag der Arbeit)
10. Juni Dia de Camões (Nationalfeiertag zu Ehren des Dichters Camões)
1. November Todos-os-Santos (Allerheiligen)
25. Dezember Natal (Weihnachten)

Variable Daten haben Karfreitag (Sexta-feira Santa) und Ostersonntag (Domingo de Páscoa). Inoffiziell ist meist auch der Karnevalsdienstag arbeitsfrei. Hinzu kommen kommunale Feiertage. Vier weitere gesetzliche Feiertage (u. a. Fronleichnam) wurden im Rahmen des aktuellen Sparprogramms der Regierung abgeschafft, eine vorerst bis Ende 2017 befristete Maßnahme.

FKK

Offiziell darf FKK am einsamen Westteil der Praia do Barril (Ilha de Tavira), auf der nur per Boot erreichbaren Ilha Deserta bei Faro und an der kleinen Praia Adegas bei Odeceixe praktiziert werden. Darüber hinaus wird das Nacktbaden am äußersten Westrand der Praia Zavial, an der Praia

Figueira und der Praia Furnas (alle südlich von Vila do Bispo) in der Regel toleriert.

Geld

Bargeld können Besucher in Portugal mit Girocard (Maestro-, VPay) oder Kreditkarte an Geldautomaten (»multibanco«) gegen Gebühr abheben. Die meisten Hotels, größeren Restaurants, Geschäfte und Tankstellen akzeptieren außerdem die gängigen Kreditkarten (vorwiegend VISA und Mastercard) sowie Girocards, wobei VPay nur dort funktioniert, wo ein Chiplesegerät vorhanden ist.

Links und Apps

LINKS

www.visitalgarve.pt
Seite der regionalen Tourismusstelle der Algarve mit umfassenden Informationen sowie zahlreichen Adressen etwa von Sportanbietern oder Kunsthandwerkern.

www.algarve-reisen.com
Deutschsprachiger Online-Reiseführer mit vielen nützlichen Infos über Sehenswürdigkeiten, Sport, Wanderungen, Strände.

www.algarvebus.info
Diese privat von britischen Residenten geführte und laufend aktualisierte Seite beinhaltet neben aktuellen Fahrplänen für Busse und Bahnen auch Einkehrtipps.

www.algarve-entdecker.com
Blog für Besucher aus Deutschland, Österreich und der Schweiz, der sich mit aktuellen Themen zu Land und Leuten an der Algarve befasst und über kulturelle oder Sportveranstaltungen berichtet.

APPS

MERIAN Algarve
Hautnahes Erleben der Region mit schönen Fotos und anspruchsvollen Texten (http://apps.merian.de/algarve).
für iOS 5.0 oder neuer | 8,99 €

Offline Karte: Algarve
Häufig aktualisierte, detailreiche Karte der Region mit umfangreichem Suchindex und der Möglichkeit, eigene Wegpunkte zu setzen.
für Android 2.3 oder neuer | 2,49 €

Portugal Offline-Karte, Führer
Straßenkarte, Führer durch Städte und zu Sehenswürdigkeiten, jede Menge Tipps.
für iOS 6.0 oder neuer | gratis

Visit Algarve
App des offiziellen portugiesischen Tourismusbüros, mit Reisetipps und aktuellen Veranstaltungshinweisen (http://appsportugal.com).
für iOS 4.3 oder neuer und Android 1.6 oder neuer | gratis

Medizinische Versorgung

KRANKENVERSICHERUNG

Öffentliche Gesundheitseinrichtungen akzeptieren die Europäische Krankenversicherungskarte (EHIC). Da diese nicht alle Leistungen abdeckt und in Privatkliniken und Arztpraxen nicht angenommen wird, empfiehlt sich zusätzlich der Abschluss einer Auslandskrankenversicherung.

KRANKENHAUS

Ein öffentliches Krankenhaus (»hospital«, »policlínica«) besitzt jede größere Stadt. In kleineren Orten gibt es Gesundheitszentren (»centro de saúde«). Darüber hinaus finden Besucher in einigen Ferienorten internationale Privatkliniken und Ärztezentren, wo Deutsch bzw. Englisch verstanden wird.

APOTHEKEN

Apotheken sind in der Regel Mo–Fr 9–13 und 15–19, Sa 9–13 Uhr geöffnet, teilweise auch länger und am Sonntagvormittag. Aktuelle Zeiten, Notdienste und 24-Stunden-Apotheken unter www.farmaciasdeservico.net.

Nebenkosten

1 Tasse Kaffee .... 1,20 €
1 Bier .... 1,80 €
1 Glas Wein .... 2,00 €
1 Cola .... 1,80 €
1 Snack .... ab 3,00 €
1 Tagesmenü .... ab 7,00 €
1 Liter Benzin .... 1,35 €
Mietwagen/Tag .... ab 17,00 €

Notruf

Euronotruf Tel. 112 (Polizei, Feuerwehr, Rettungsdienst)

Post

Briefmarken verkaufen außer den Postfilialen (»correios«) auch Geschäfte mit CTT-Schild an der Tür. Eine normale Postkarte nach Deutschland, Österreich und in die Schweiz kostet 0,72 €. In Portugal gibt es rote und blaue Briefkästen. Normale Post gehört in den roten Kasten, der blaue ist für Expresspost reserviert. Die höheren Gebühren für Letztere lohnen bei internationalen Sendungen eher nicht.

Reisedokumente

Grenzkontrollen finden innerhalb des Schengen-Raums in der Regel nicht statt. Gegenüber den Fluggesellschaften sowie innerhalb Portugals müssen Reisende sich jedoch mit einem Personalausweis (Identitätskarte) oder Reisepass ausweisen können. Auch Kinder benötigen ein eigenes Ausweisdokument.

Reiseknigge
ÖFFNUNGSZEITEN

Die Geschäfte sind Mo–Fr 9–13 und 15–19, Sa 9–13 Uhr geöffnet. Kleinere Läden, speziell auch in ländlichen Gebieten, haben meist keine festen Öffnungszeiten, sie öffnen aber zu den allgemein üblichen Zeiten. Größere Supermärkte, Einkaufszentren sowie manche Läden in den Ferienorten verzichten auf die Mittagspause, schließen abends später (um ca. 21 Uhr) und sind auch am Wochenende bis in die Abendstunden hinein geöffnet.

ORIENTIERUNG

In den Außenbezirken der Städte und in kleineren Ortschaften gibt es oft erst seit einigen Jahren Straßennamen. Hausnummern sind noch nicht allgemein üblich. In solchen Fällen steht bei den Adressen in diesem Buch »s/n« (sem número = port. ohne Nummer). Meist ist dies bei kleineren Plätzen oder kürzeren Straßen der Fall, wo Restaurants oder Geschäfte ohne Schwierigkeiten zu finden sind. Im Zweifelsfall sind die Anwohner sehr hilfsbereit.

RAUCHEN

In Portugal ist das Rauchen in allen öffentlichen Gebäuden, in Gaststätten und den allgemein zugänglichen Bereichen der Hotels verboten. Hotels dürfen Raucherzimmer ausweisen.

IM RESTAURANT

Normalerweise kommt eine Rechnung für den ganzen Tisch. Dann ist es am einfachsten, wenn alle zusammenlegen und der Bedienung den Gesamtbetrag übergeben. Alternativ bittet man schon bei der Bestellung um getrennte Rechnungen. Das Bedienungsgeld ist im Rechnungsbetrag meist schon enthalten. Üblicherweise lässt sich der Gast zunächst das Wechselgeld herausgeben. Bei Zufriedenheit hinterlässt man ein zusätzliches Trinkgeld (5–10 %).

Reisewetter

An der Algarve scheint an rund 300 Tagen im Jahr die Sonne. Regen fällt selten und dann meist im Winterhalbjahr. In Küstennähe sinkt das Thermometer selbst im Januar nachts kaum unter 7 °C, während tagsüber auch dann noch durchschnittlich 14 °C registriert werden. Hingegen wird es im Hochsommer mit durchschnittlich 28 °C Tageshöchsttemperatur recht heiß. Vom Frühjahr bis weit in den Herbst hinein ist Badesaison. Im Landesinneren sind die jahreszeitlichen Temperaturgegensätze größer. So fällt in der Serra de Monchique sogar ab und zu Schnee, Nebel kommt dort auch in den Übergangszeiten vor. Für Ausflüge ins Hinterland empfiehlt sich die Mitnahme wärmender Kleidung.

Reisezeit

Die besten Monate für einen Aufenthalt an der Algarve sind April bis Juni und September/Oktober. Im Juli/August geht es in den Ferienorten turbulent zu und die Unterkünfte sind frühzeitig ausgebucht. Auch wenn es zwischen November und März etwas kühler ist, haben die vielen sonnigen Wintertage hier durchaus ihren Reiz.

Sicherheit

Wichtige Dokumente und Wertsachen gehören in den Zimmersafe, den alle größeren Hotels meist gebührenpflichtig zur Verfügung stellen. Im Auto sollte nichts offen sichtbar liegen bleiben, auch keine Jacken oder Zeitungen, unter denen Diebe Wertsachen vermuten könnten. Alles in allem ist die Algarve eine relativ sichere Urlaubsregion.

Klima (Mittelwerte)

	Januar	Februar	März	April	Mai	Juni	Juli	August	September	Oktober	November	Dezember
Tagestemperatur	14	15	17	20	21	24	27	28	26	21	17	15
Nachttemperatur	9	10	11	13	14	18	20	20	19	16	13	10
Sonnenstunden	5	6	6	8	10	11	12	11	9	8	6	5
Regentage pro Monat	11	9	11	7	6	2	1	1	4	7	9	11
Wassertemperatur	13	14	14	15	16	17	18	19	19	18	17	15

Telefon

VORWAHLEN

D, A, CH ▶ Portugal 00 351
Portugal ▶ D 00 49
Portugal ▶ A 00 43
Portugal ▶ CH 00 41

Telefonieren vom Hotelzimmer aus ist teuer, es sei denn, Gäste benutzen eine Prepaid-Telefonkarte (am Kiosk erhältlich). Die selten gewordenen öffentlichen Telefonsäulen funktionieren mit Münzen oder Telefonkarten (Telecom Card PT, in Postfilialen oder Läden mit CTT-Schild). Anrufe nach Portugal: Nach der Landesvorwahl 00 351 folgt die neunstellige Rufnummer, eine Ortsvorwahl gibt es nicht. Mobilfunk: Gespräche in europäische Länder kosten pro Minute maximal 0,19 €. Bei Entgegennahme von Anrufen bezahlt man maximal 0,05 € pro Minute. Eine SMS kostet 0,06 €.

Tiere

Hunde und Katzen benötigen einen EU-Heimtierausweis (stellt der Tierarzt aus) mit Nachweis einer Tollwutimpfung. Das Tier muss durch einen Mikrochip identifizierbar sein.

Trinkgeld

Ein Trinkgeld ist üblich in Restaurants, Hotels (Zimmerservice ca. 1 € pro Tag) sowie für Taxifahrer, Reiseleiter, Gepäckträger usw.

Verkehr

AUTOFAHREN

Das Straßennetz ist gut ausgebaut. Die gebührenpflichtige Autobahn A 22, die von Vila Real de Santo António bis westlich von Lagos fast die gesamte Algarve erschließt, stellt eine empfehlenswerte Alternative zu der oft hoffnungslos verstopften Küstenstraße N 125 dar. Die auf der Autobahn gefahrenen Strecken werden elektronisch erfasst. Mietwagenfirmen stellen gegen Gebühr ein entsprechendes Gerät zur Verfügung. Wer mit dem eigenen Auto anreist, lässt von der Kreditkarte abbuchen (an der Grenze am Automaten registrieren lassen) oder erwirbt an der ersten Autobahnstelle eine Drei-Tages-Vignette bzw. eine Tollcard mit Code zum Abrubbeln. Radarkontrollen werden immer häufiger. Schon geringste Überschreitungen haben hohe Bußgelder zur Folge, die Bescheide werden auch im EU-Ausland zugestellt. Ebenso wird Falschparken neuerdings rigoros geahndet.

MIETWAGEN

Am Flughafen Faro und in den Ferienorten ist die Anmietung eines Wagens normalerweise kein Problem. Bequemer ist die Reservierung eines Mietwagens schon vor der Reise über ein Reisebüro oder das Internet. Mietwagen sind in Portugal relativ günstig, die Wagen befinden sich normalerweise in gutem Zustand. Kreditkarte erforderlich.

ÖFFENTLICHE VERKEHRSMITTEL

Überlandbusse haben an der Algarve größere Bedeutung als die Eisenbahn. Jede größere Stadt verfügt über einen in der Regel zentral gelegenen Busbahnhof. Von dort verkehren regionale Linien der Gesellschaften EVA (www.eva-bus.com) und Renex (www.renex.pt) in andere Städte, wobei auch die Orte im Hinterland regelmäßig bedient werden. Mehrmals täglich geht es außerdem von den größeren Städten per Expressbus (www.rede-expressos.pt) nach Lissabon (Fahrzeit beträgt etwa vier Std.).

TAXIS

An der Algarve haben Taxis keine Zähler. Abgerechnet wird anhand einer Streckenliste, die jeder Fahrer mitführt. Die Fahrpreise sind etwas niedriger als in Mitteleuropa. Zuschläge werden nachts und am Wochenende sowie für Flughafenfahrten und Reisegepäck erhoben.

Zeitungen

Das deutschsprachige Monatsmagazin »Entdecken Sie Algarve« (www.entdecken-sie-algarve.com) bietet aktuelle Informationen und interessante Hintergrundartikel. Ebenso informiert die wöchentlich erscheinende, dreisprachige Urlauberzeitung »Algarve 123« (www.algarve123.com) u. a. auf Deutsch über das aktuelle Geschehen. Zeitungen aus Deutschland hält in den Ferienorten der Algarve oft schon am Erscheinungstag oder spätestens am folgenden Tag jeder Kiosk bereit.

Zoll

Reisende aus Deutschland und Österreich dürfen Waren abgabenfrei mit nach Hause nehmen, wenn diese für den privaten Gebrauch bestimmt sind. Bestimmte Richtmengen sollten jedoch nicht überschritten werden (z. B. 800 Zigaretten, 90 l Wein, 10 kg Kaffee). Weitere Auskünfte unter www.zoll.de und www.bmf.gv.at/zoll. Reisende aus der Schweiz dürfen Waren im Wert von 300 SFr abgabenfrei mit nach Hause nehmen, wenn diese für den privaten Gebrauch bestimmt sind. Tabakwaren und Alkohol fallen nicht unter diese Wertgrenze und bleiben in bestimmten Mengen abgabenfrei (z. B. 200 Zigaretten, 2 l Wein). Weitere Auskünfte unter www.zoll.ch.

Entfernungen (in Kilometern) zwischen wichtigen Orten

	Albufeira	Alcoutim	Faro	Lagos	Loulé	Monchique	Portimão	Sagres	Salir	Tavira
Albufeira	–	114	37	46	25	56	29	79	39	60
Alcoutim	114	–	87	160	88	153	151	194	80	65
Faro	37	87	–	82	16	87	60	106	30	30
Lagos	46	160	82	–	64	43	17	34	75	98
Loulé	25	88	16	64	–	72	47	94	14	36
Monchique	56	153	87	43	72	–	27	77	70	106
Portimão	29	151	60	17	47	27	–	51	59	82
Sagres	79	194	106	34	94	77	51	–	101	129
Salir	39	80	30	75	14	70	59	101	–	60
Tavira	60	65	30	98	36	106	82	129	60	–

Literarische Streifzüge durch die Welt –
mit beliebten Autoren die schönsten Regionen
und Metropolen entdecken.

MERIAN
erzählt

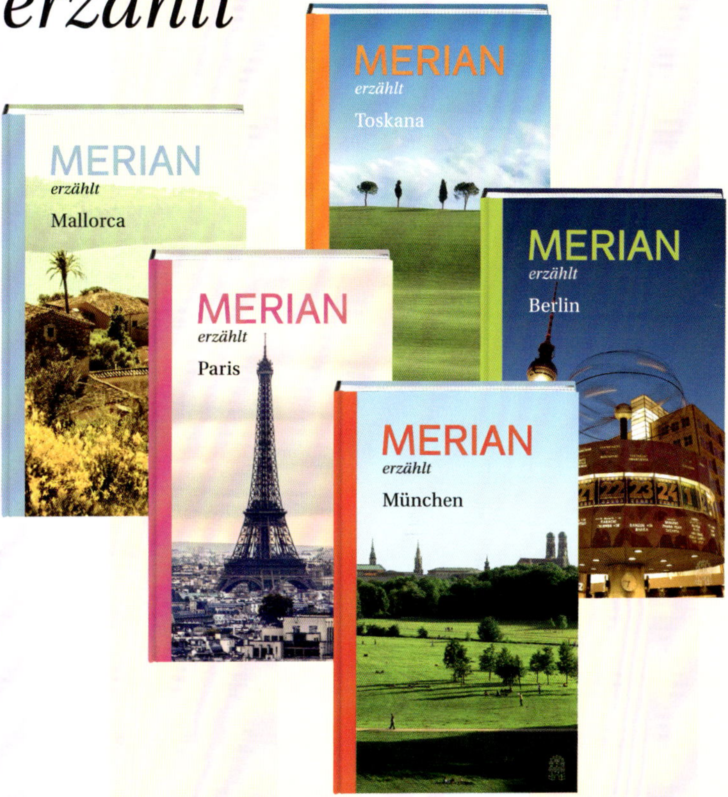

Hoffmann und Campe

ORTS- UND SACHREGISTER

Wird ein Begriff mehrfach aufgeführt,
verweist die **fett** gedruckte Zahl auf die Hauptnennung.
Abkürzungen: Hotel [H] · Restaurant [R]

A Charrua [R, Alcoutim] 118
A Farrobinha [Querença] 34
A Forja [R, Lagos] 90
Adega Nova [R, Faro] 59
Alambique [R, Almancil] 62
Albufeira 8, 44, **81**
Albufeira und die Felsalgarve 80
Alcalar 94
Alcoutim 117
Aldeia da Pedralva [H, Aldeia da Pedralva] 24
Algar Seco [Carvoeiro] 97
Algarve Nature Week 19, **47**
Algarve Pass 146
Aljezur 9, 44, **107**, 130
Almancil 12, 25, **61**
Alte 29, **119**, 121
Altura 18
Alvor 14, 45, **94**
Angeln 67
Anreise 146
Apotheken 149
A Rampa [R, Monchique] 28
A Ria [R, Ferragudo] 28

Arco de la Vila [Faro] 57
Armação de Pêra 13, 45, **82**
Arrifana 108, 130
A Sagres [R, Sagres] **28**, 112
Auskunft 146
Avenida Velha [R, Loulé] 65
A Ver Tavira [R, Tavira] 71
Ayamonte 72
»azulejos« [port. Fliesen] 38, **104**

Barão de São João 51
Barranco dos Pisões 124
Bars 84
Benafim 34
Bevölkerung 136
»bolos de doce fino« [port. Marzipankonfekt] **14**, 90
Buchtipps 147
Burgau 112

Cabanas 29, 72
Cabo de São Vicente [MERIAN TopTen] 7, 11, 15, **113**
Cachopo 118
Cafés 65, 72, 75, 93, 101, 121, 123

Cafeteria Água Mel [R, Alte] 29
Caldas de Monchique 124
Cantinho do Mar [Armação de Péra] 84
Carrapateira 44, **108**
Carvoeiro 8, 51, **97**
Casa Luciano [R, Ayamonte] 72
Casa Spa d'Alma [R, Alferce] 53
Castelo de Aljezur [Aljezur] 107
Castelo de Alcoutim [Alcoutim] 117
Castelo de Castro Marim [Castro Marim] 73
Castelo de Loulé [Loulé] 64
Castelo de Silves [MERIAN TopTen] 11, **100**
Castelo de Tavira [Tavira] 70
Castro Marim [MERIAN TopTen] 10, 13, **72**
»cataplana« [port. Spezialität] 27
Centro de Interpretação do Património Islâmico [Silves] 101

Orts- und Sachregister | 155

Cerro da Vila [Vilamoura] 86
Convento da Nossa Senhora do Desterro [Monchique] 122
Costa Vicentina **106**, 130

Diplomatische Vertretungen 147
Don Sebastião [R, Lagos] 89

Einkaufen 36
Entfernungen 152
Erdbeerbaumschnaps [port. Spezialität, »medronho«] 30
Ermida de Nossa Senhora de Guadalupe 114
Ermida Nossa Senhora da Rocha **13**, 82
Essen und Trinken 26
Estói **62**

Fado 51
Faro 12, 19, 45, **57**, 128
Faro und die Sandalgarve 56
Faz Gastos [R, Faro] 60
Feiertage 147
Felsalgarve [s. Albufeira und die Felsalgarve]
Ferragudo [MERIAN TopTen] 8, 10, 28, 52, **98**
Feste feiern 46
Fim do Mundo [R, Faro] 60
FKK 147

Fóia [MERIAN TopTen] 11, 15, **124**
Fonte das Bicas Velhas [Loulé] 65
Fonte Pequena und Fonte Grande [Alte] 119
Fortaleza de Beliche 115
Fortaleza de Sagres [MERIAN TopTen] 11, **111**
Forte da Ponta da Bandeira [Lagos] 88
Foz do Banho [Caldas de Monchique] 124
Foz de Odeleite 118

Galeria Arte Algarve [Lagoa] **17**, 98
Galerien 17
Geld 148
Geografie 136
Geschichte 138
Gestern & heute 160
Golf 42
Grupo Naval [R, Olhão] 66
Grüner Reisen 32

Hausnummern 149

Igreja da Misericórdia [Tavira] 70
Igreja de Santo António [Lagos] 88
Igreja do Carmo [Faro] 58
Igreja do São Lourenço de Matos [São Lourenço] 12
Igreja Matriz [Alvor] 95
Igreja Matriz [Monchique] 122

Igreja Matriz de Alte [Alte] 120
Igreja Matriz de São Clemente [Loulé] 65
Ilha de Armona 45
Ilha do Farol 45
Ilha de Tavira 45, **75**

Jardim do Farol [R, Carvoeiro] 98
Jardins do Palácio [Estói] 62

Kaffee 28
Karneval [»carnaval«] 47
Keramik 38
Kitesurfen 42
Klima 150
Kochen 51
Korkprodukte 68
Krankenhaus 148
Krankenversicherung 148
Kulinarisches 38, 75, 94, 99, 118, 123
Kulinarisches Lexikon 144
Kunsthandwerk 37, 121

Lagar Mesquita [R, São Brás de Alportel] **18**, 68
Lagoa 17, **98**
Lagos 14, 34, 45, 52, **86**
Laufen 42
Links und Apps 148
Loulé 10, 17, **64**
Loulé Coreto Hostel [H, Loulé] 17

Mandeln 14
Märkte 61, 67, 85

Mariscos e Peiscos [R, Cabanas] 29
Marisqueira Maré Viva [R, Ferragudo] 98
Marisqueira O Jacinto [R, Quarteira] 85
Marisqueira Rui [R, Silves] 101
Marmelete 125
Martim Longo 118
Mauren und maurisches Erbe 102
»medronho« [Erdbeerbaumschnaps] 30
Medizinische Versorgung 148
Meia Praia 91
Mercado de Loulé [MERIAN TopTen] 10, 36, **66**
Mietwagen 151
Miradouro Norte 132
Mirandus [R, Porto de Mós] 34
Mit allen Sinnen 50
Moncarapacho 66
Monchique 28, 38, **122**
Monte da Casteleja [Lagos] 34
Monte Gordo **45**, 76, 77
Monumentos megalíticos [Vila do Bispo] 115
Mr. Freddie's [R, Almancil] 62
Muscheln **14**, 97
Museu de Portimão **17**, 92
Museu do Lagar [R, Loulé] 65
Museu do Rio [Alcoutim] 117
Museu do Trajo [São Bras de Alportel] 68
Museu Municipal de Arqueologia [Silves] 101
Museu Municipal de Faro [Faro] 58
Museu Municipal Dr. José Formosinho [Lagos] 88
Museu Regional do Algarve [Faro] 58

Naturparks 78, **128**
Nebenkosten 149
Notruf 149
Núcleo Museológico do Mercado dos Escravos [Lagos] 89

O Cangalho [R, Barão de São João] 51
O Caniço [R, Alvor] 96
Odeceixe 110
Öffentliche Verkehrsmittel 151
Öffnungszeiten 149
O Gimbras [R, Faro] 60
O Mané [R, Portimão] 93
O Marinheiro [R, Albufeira] 82
O Soeiro [R, Alcoutim] 118
Olhão **66**, 128
Olhos de Agua 85
Olivenöl 37
Orientierung 149
Outdoor-Abenteuer 52
Ozadi Tavira Hotel [H, Tavira] 18

Papagaio Dourado [R, Salir] 121
Parque da Mina 125
Penina 133
Picknick 15
Politik und Verwaltung 137
Pont' a Pé [R, Aljezur] 108
Ponta da Piedade [MERIAN TopTen] 9, 10, **91**
Porches 38, **99**, 104
Portimão 14, 17, 18, **91**
Porto da Baleeira [Sagres] 112
Porto de Mós 33
Post 149
»pousadas« 22
Pousada de Tavira [H, Tavira] 22
Praia Verde Boutique Hotel [H, Altura] 18

Quarentae4 [R, Vilamoura] **18**, 86
Quarteira 85
Querença 34, **121**
»quintas« 23
Quinta da Figueirinha [H, Silves] 33
Quinta de Marim [Olhão] **66**, 128
Quinta do Caracol [H, Tavira] 25
Quinta do Freixo [Benafim] 34
Quinta do Lago 8, 45, **67**, 129
Quinta dos Rochas [H, Almancil] 25

Quintamar [H, Tavira] 33

Radfahren 42
Rauchen 149
Reisedokumente 149
Reiseknigge 149
Reisewetter 150
Reisezeit 150
Reiten 43
Religion 137
Reserva Natural do Sapal de Castro Marim [Castro Marim] 74
Restaurante 54 [Albufeira] 82
Ria de Alvor [MERIAN TopTen] 10, **95**
Ria Formosa 128
Ribeira do Poço [R, Vila do Bispo] 115
Rocha 132, 133
Rocha da Pena 103, **132**
Rota Vicentina 130
Ruínas Romanas Milreu [Estói] 62
Ruth O Ivo [R, Aljezur] 108

Sabores do Campo [R, São Bras de Alportel] 68
Sagres 11, 28, 45, **111**
Sakuto Sushi [R, Portimão] 18
Salinen **13**, 74, 75
Salir 121
São Bartolomeu de Messines 121
São Brás de Alportel 18, **68**
São Lourenço 12
Sandalgarve [s. Faro und die Sandalgarve]
Sardinen 17, 26, 48
Schmuck 39
Sé [Kathedrale von Faro] 12, **58**
Sé Catedral [Silves] 101
Segeln 43
Sem Espinhas [R, Vila Real de Santo António] 76
Serras 116
Serra de Alceria do Cume 116
Serra de Monchique 9, **116**
Serra do Caldeirão 116
Silves 8, 11, 33, **100**, 102
Sítio do Forno [R, Carrapateira] 109
Sport 40
Sprache 137
Strände 40, **44**

Taberna do Gabão [R, Odeceixe] 110
Talefe 132
Tasca do Porto [R, Sagres] 112
Tauchen 43
Tavira [MERIAN TopTen] 10, 18, 24, 33, **68**
Taxis 152
Telefon 151
Textilien 99, 118
Tiere 151
Torre de Tavira [Tavira] 70
Três Palmeiras [R, Tavira] 71 und [R, Albufeira] 82
Trinkgeld 151

Übernachten 22
Unsere Algarve 7

Vai e Volta [R, Olhão] 67
Vale do Lobo 8
Verkehr 151
Via Algarviana 35
Vila do Bispo 45, **115**
Vilamoura 18, 45, **85**
Vila Real de Santo António 76
Vogelkunde 78

Wale 52
Wandern 13, 35, 41, **43**, 52
Wasserhunde 51
Wassersparks 43
Wein 37
Wellenreiten 41, **44**
Wellness 53
Willie's [R, Vilamoura] 86
Wirtschaft 137

Zeitungen 152
Zoll 152
Zoo de Lagos 91

Impressum | 159

Liebe Leserinnen und Leser,

vielen Dank, dass Sie sich für einen Titel aus unserer Reihe MERIAN *momente* entschieden haben. Wir wünschen Ihnen eine gute Reise. Wenn Sie uns nun von Ihren Lieblingstipps, besonderen Momenten und Entdeckungen berichten möchten, freuen wir uns. Oder haben Sie Wünsche, Anregungen und Korrekturen? Zögern Sie nicht, uns zu schreiben! Alle Angaben in diesem Reiseführer sind gewissenhaft geprüft. Preise, Öffnungszeiten usw. können sich aber schnell ändern. Für eventuelle Fehler übernimmt der Verlag keine Haftung.

© 2016 TRAVEL HOUSE MEDIA
GmbH, München
MERIAN ist eine eingetragene Marke der
GANSKE VERLAGSGRUPPE.

TRAVEL HOUSE MEDIA
Postfach 86 03 66
81630 München
merian-momente@travel-house-media.de
www.merian.de

Alle Rechte vorbehalten. Nachdruck, auch auszugsweise, sowie die Verbreitung durch Film, Funk, Fernsehen und Internet, durch fotomechanische Wiedergabe, Tonträger und Datenverarbeitungssysteme jeglicher Art nur mit schriftlicher Genehmigung des Verlages.

BEI INTERESSE AN MASSGESCHNEIDERTEN MERIAN-PRODUKTEN:
Tel. 0 89/4 50 00 99 12
veronica.reisenegger@travel-house-media.de

BEI INTERESSE AN ANZEIGEN:
KV Kommunalverlag GmbH & Co KG
Tel. 0 89/9 28 09 60
info@kommunal-verlag.de

1. Auflage

VERLAGSLEITUNG
Michaela Lienemann
REDAKTION
Juliane Helf
LEKTORAT
Ralf Johnen
BILDREDAKTION
Tobias Schärtl
SCHLUSSREDAKTION
Andrea Lazarovici
HERSTELLUNG
Bettina Häfele, Katrin Uplegger
SATZ
Nadine Thiel, kreativsatz, Baldham
REIHENGESTALTUNG
Independent Medien Design, Horst Moser, München (Innenteil), La Voilà, Marion Blomeyer & Alexandra Rusitschka, München und Leipzig (Coverkonzept)
KARTEN
Gecko-Publishing GmbH für MERIAN-Kartographie
DRUCK UND BINDUNG
Printer Trento, Italien

Ein Unternehmen der
GANSKE VERLAGSGRUPPE

PEFC/18-31-506

BILDNACHWEIS
Titelbild (Praia do Vau): mauritius images: alamy
Aldeia de Padralva 22 | AWL Images: M. Abreu 54/55, P. Adams 2, S. Lubenow 6, 12, 16, 25, 39, 44, 56, 59, 64, 71, 88, 100, 129 | Bildagentur Huber: Gräfenhain 80, M. Howard 60, 95, 134/135, S. Lubenow 26, 90, 126/127 | Corbis: A. Copson/JAI 15, S. Lubenow/JAI 40, 72, A. Robinson/JAI 123, H. Roth 102 | fotolia.com: Jessmine 142r, Mauro Rodrigues 133 | Galeria Arte Algarve 17 | gemeinfrei 140l, 140r, 141 | Getty Images: D. Delimont/Gallo Images 36, M. Gottschalk/Lonely Planet 63, J. Greuel/The Image Bank 99, J. Wackenhut/F1online 113 | GlowImages 125, 136, imageBROKER 46, K. Kreder/prisma 74 | INTERFOTO: F. Fell/THE TRAVEL LIBRARY 84 | JAHRESZEITEN VERLAG: A. Selbach 14, 35, 143, 50 | laif: P. Blanchot/hemis.fr 131, L. Faustino/4SEE 29, M. Jaeger 116, J. Voge/Le Figaro Magazine 77, G. Westrich 106 | look-foto: I. Pompe 160u | Casa Spa d'Alma: M. Noordeloos 53 | mauritius images: alamy 4/5, 78, 109, 110, 114, 119, M. Howard 120, K. Kreder/imageBROKER 96, Westend61 20/21 | Ozadi Tavira Hotel 19u | Shutterstock: 142l, P. Etchells 13r, P. Fleet 138l , foto76 32, LianeM 30, C. Neto 139, M. Rodrigues 19o, 52, Sherry Yates Young 13l, Surkov Dimitri 51, Tkoko 138r | ullstein bild: R. Dietrich 160o

GESTERN & HEUTE

Es ist noch nicht so lange her, da mussten sich die Sonnenanbeter ihren Platz auf dem **Strand von Albufeira** (▶ S. 44) noch erstreiten. Zu groß war die Konkurrenz der Fischer, die ihre Boote wie selbstverständlich auf den heute so begehrten Plätzen geparkt haben. Die rasante Zunahme der Badegäste aber ist keineswegs die einzige Veränderung, die sich seit der Schwarz-Weiß-Aufnahme aus dem Jahre 1989 zugetragen hat: Auch die Häuser sind – vergleichsweise diskret – in die Höhe geschossen.